中国旅游发展年度报告书系
Annual Development Report of China's Tourism

中国入境旅游发展报告
2020

CHINA INBOUND TOURISM DEVELOPMENT REPORT 2020

中国旅游研究院

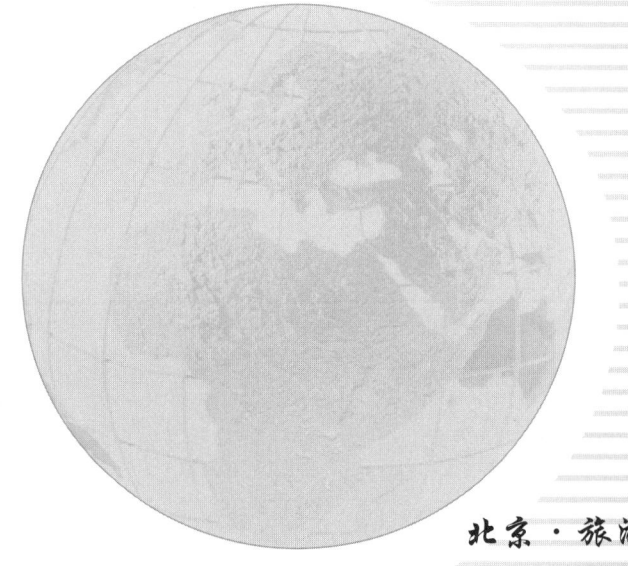

北京·旅游教育出版社

责任编辑：郭珍宏

图书在版编目（CIP）数据

中国入境旅游发展报告. 2020 / 中国旅游研究院著. -- 北京：旅游教育出版社，2021.4
　ISBN 978-7-5637-4233-2

Ⅰ. ①中… Ⅱ. ①中… Ⅲ. ①境外游客－旅游业发展－研究报告－中国－2020 Ⅳ. ①F592.3

中国版本图书馆CIP数据核字(2021)第066914号

中国入境旅游发展报告 2020
中国旅游研究院　著

出版单位	旅游教育出版社
地　　址	北京市朝阳区定福庄南里1号
邮　　编	100024
发行电话	（010）65778403　65728372　65767462（传真）
本社网址	www.tepcb.com
E - mail	tepfx@163.com
排版单位	北京旅教文化传播有限公司
印刷单位	北京中科印刷有限公司
经销单位	新华书店
开　　本	787毫米×1092毫米　1/16
印　　张	5.25
字　　数	60千字
版　　次	2021年4月第1版
印　　次	2021年4月第1次印刷
定　　价	55.00元

（图书如有装订差错请与发行部联系）

《中国入境旅游发展报告 2020》编委会

主　任　戴　斌
副主任　李仲广　唐晓云
编　委　（按姓氏音序排列）
戴　斌　何琼峰　李仲广　马仪亮　宋子千
唐晓云　吴丰林　吴　普　杨宏浩　杨劲松

《中国入境旅游发展报告 2020》编写组

主　编
戴　斌　中国旅游研究院院长、教授、博士
执行主编
刘祥艳　中国旅游研究院国际研究所（港澳台研究所）博士
成　员
杨劲松　杨丽琼　辛安娜　柴　焰　马晓芬　韩晋芳
何琼峰　张佳仪　戴慧慧　张天力　周云儿

讲好中国故事　创新传播体系
开创文化交流和旅游推广工作新格局

一、让传播中国的人知中国、爱中国

说起文化交流和旅游推广，很多人的第一印象是外事无小事，要会说外语，去过世界很多地方，有广泛的国际人脉。语言很重要，说到底还是交流工具，工具之上是内容，是对国家的热爱和信仰，是我们要传递的文化和目的地信息。了解目的地国家和地区的情况，有广泛的人脉当然也很重要，说到底还是时间的函数。想想新中国成立初期，元帅办外交，将军出任外交，不也很快打开了新局面吗？重返联合国的那张"乔的笑"，也不是事先的设计或者教科书的规程，却是那么自然，那么打动人心。随着外交外事的职业化进程，会外语、知世界的职业外交官成为外交外事、文化交流和旅游外宣的基干队伍，极大推进了本领域的正规化、标准化和制度化进程，可是回过头来看，这些成就是否在一定程度上失去了应有的激情、洒脱和自信呢？如果不了解中国的历史和现状，没有文化团体和旅游企业做后方，我们可能不知不觉地就错位了，不是在世界上传播中国文化，邀请海外游客到访中国，而是向国内宣传对象国的文化，帮助海外旅游局在中国做宣传推广。从这个意义上说，要做好新发展阶段的文化交流和旅游推广工作，首先要培养一支知中国、爱中国的专业人才队伍。

知一个从黄山到黄河,山河壮丽的中国,爱一个从诗经到红楼,风雅多姿的中国。多少年了,孔子、京剧、功夫等文化符号构成世界对中国的文化想象,也是对外文化交流的重要载体。多少年了,京西沪桂广,加上长江三峡、杭州、敦煌、张家界等少数几个点线,都是入境旅游市场,特别是外国游客的经典观光线路。相对而言,丝绸之路、万里茶路、大运河、长城、黄河、香格里拉等文化旅游线路则长期停留于概念层面和宣传阶段,距离旅行商可以销售的线路和游客可以消费的产品还有漫长的路要走。之所以如此,很大程度上与我们对自己国家的历史地理和文化艺术了解不够系统和不够深入有关。党的十九届五中全会提出,要建设一批文化底蕴深厚的世界级旅游景区和度假区,文化特色鲜明的国家级旅游休闲城市和街区,还要发展乡村旅游和红色旅游,讲好中国故事。这些即将落实在十四五旅游发展规划的内容,是对文化和旅游部的要求,国际交流与合作局应主动担当、积极作为,要系统提出自己的专业意见建议和工作方案,很遗憾还没有听到这方面的声音。我不担心空间选址,北部湾、粤港澳大湾区、长三角和东部沿海城市群,以及众多山岳湖泊区域都有能力建设世界级水准的国民度假地。我也不担心国际度假酒店和品牌运营商的积聚,以中国市场之潜力和各地招商引资的力度,一线度假休闲品牌很快就会进来了。我真正担忧的是文化底蕴是不是浓厚,文化特色是不是鲜明?文化和旅游系统、地方政府给出的文化,城乡居民和入境游客是否有感,是否满意?这就要求从事文化交流和旅游推广的同志们要有地理、历史和人文素质,也要有创造性转化的能力,在建构国家记忆的过程中,推广山河壮丽和人文昌盛的国家旅游形象。

知一个从积贫积弱到全面小康,自强不息的中国,爱一个从广场舞到说唱新时代,人民幸福的中国。在新发展阶段,自然风光和历史人文仍然是吸引外国人到访的主要吸引物,小康社会中国梦则是文化交流和旅游推广的全新动能。从图1可以看出,中国公民出境旅游目的地主要是日韩、澳新、欧美和东盟等发达国家。剔除边境因素和邻国关系，图中所示的国家之所以能够成为国民出境旅游目的地的优先选择，是因为它们拥有优美的自然环境和独特地质地貌，更是因为其发达的基础设施、完善的商业环境和高品质的服务。否则我们就无法解释拥有动物大迁徙、东非大裂谷的非洲，拥有亚马孙森林、潘帕斯草原的南美洲，为什么没有成为头部的国际旅游目的地和消费中心。

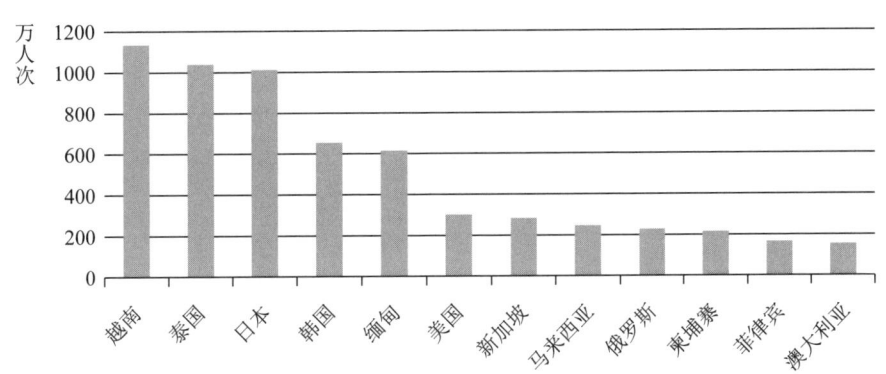

图1　中国公民出境旅游主要目的地国家（2019）

资料来源：文化和旅游部统计年鉴（2020）。

今天的中国北上广深等一线城市和重庆、成都、武汉、杭州、宁波、郑州、天津等国家中心城市，基础设施、公共文化、经济发展和人民生活水平已经接近发达国家平均水平。大兴机场、CBD、中国尊、广州塔、京沪高铁、浦东新区等地标性建筑，正在与故宫、兵马俑、殷墟、良渚一起成为国家旅游形象的新载体。在这个富强的国度里，在这片美丽的土地上，大爷在公园里健身、大妈在广场上跳舞、中青年在创业创新、青少年在校园里学习，人们在图书馆安静地阅读，在博物馆、美术馆流连忘返，在戏剧场、电影院欣赏艺术，在文化馆、科技馆提升素养。旅游是异地的生活方式，旅游目的地是主客共享的生活空间，经济社会越发达，本地人民生活越幸福，就越能吸引异地游客的到访、消费和体验。因此，承载中华民族自强不息精神的革命文化、承载民族复兴和人民幸福的社会主义先进文化，都应当也可以进入到海外文化中心和旅游推广场景中去，展示一个饱经苦难而自强不息、现代时尚又传承历史的中国。

知一个从嫦娥到天眼，仰望星空的中国，爱一个从"一带一路"到人类命运共同体，和平发展的中国。灌木丛后面藏不住骆驼，中国已经是全球第二大经济体，即将开启社会主义现代化国家建设新征程，不可能不为世界议论。这些议论有恶意的，也有善意的，更有对当代中国的观察与思考，希望中国承担更多的国际责任。旅游经济发展历史经验和旅游市场大数据表明，潜在客源地国家和地区的人民对中国的认知与想象，直接决定了其旅游目的选择和消费决策。从事文化交流的机构，做旅游推广的同志，要对我国的未来五年的发展规划、2035年远景目标和更为长期的发展战略有系统了解和深入研究，把科技创新驱动的经济社会发展体系，为世界秩序和人类文明演化贡献智慧和方案的未来中国告诉世界。文化交流和旅游合作当然要与国家战略相向而行，但是相对于其他领域的力量投射，还属于软实力的范畴，宜尽可能多地释放善意。在对外对港澳台文化交流和旅游合作过程中，要逐步建立与文化和旅游系统相宜的话语体系、话语方式，不断提升话语质量。不分场合，不分对象，到哪儿发言或演讲都是祝贺开幕、介绍国内情况和工作举措，最后提几点原则性的建议，再这么下去，我们就只能对着墙壁说话听回声了。今年新冠肺炎疫情为全球旅游业按下暂停键，旅游经济承受着前所未有的压力和挑战，全球旅游业都在满怀期待地看着中国。不管遇到什么情况，游客和居民之间都要保持在线不断线，文化机构和旅游企业都应拉手不放手。人民之间相互了解，国家之间相互信任，是文化交流和旅游推广的根本保障。文化交流和旅游推广工作做到位了，也有助于人民之间的相互理解和国家之间的相互信任。正是从这个意义上，我们倡导并践行"国之交，在民相亲；民相亲，在常来往"。

二、让爱中国、知世界的人传播中国

我们是从事国际文化交流和旅游推广工作的，知中国、爱中国是基础和前提，还要知世界，对人类共同价值有共情。在具体的工作中，努力去说工作对象听得懂的语言，以彼此能够接受的方式，讲述他们听得懂的中国故事，从而达到传播中国的战略目标。在此，愿意分享对自己有所触动的几句话，供同志们参考。

"皮肤不是我们的文化，语言和语言传递的内容才是。"这句话是听著名歌唱家朱明瑛老师说的，她年轻时在东方歌舞团唱非洲歌曲，每次都把脸、脖子和手涂成黑色，服饰、动作、发音各方面都往非洲靠，以至于很多人不相信表演者真的是一位中国的艺术家。直到有一天在人民大会堂欢迎扎伊尔（现刚果金）总统访华演出现场，听到总统走到台上当面说的这句话，她对文化交流才有了些更深的理解。是啊，无论是政府外交，还是文化交流和旅游合作，欧洲、西亚、北非、北美、南美等地的语言是可以学习的，但肤色则是无法改变的，也没有必要去改变。我们无论是多么刻苦地学习英语、法语、德语、俄语、阿拉伯语、西班牙语、日语、韩语、斯瓦希里语，还是不如用母语那般自如。对于绝大多数人来说，能够表达和传递主要观点和核心思想很好了。自己有过几次英语演讲的经历，印象较深者有两次。2017年，受原国家旅游局委托，率团去马尼拉参加世界旅游组织统计工作会议，谈统计专业话题，还有去年在荷兰大使馆参加凡·高的主题推广会，谈艺术话题。如果从英语专业和职业外交官的角度看，几乎是不忍卒听的，但是把一名中国学者对科学和艺术的理解说出来了，听众听懂了，就是成功。至于重音次重音不分、边读吞音、定冠词使用不当等问题，不必太在意，慢慢改进即可。

"在我的心目中，祖国的每个地方，每个季节、每个月、每一天都是最美的。"2016年8月，中国旅游研究院代表团访问印度旅游与旅行管理学院（IITTM），并发表学术演讲《青年人是中印旅游共同的未来》。在问答环节，针对"中国最美的是哪个季节，什么时候去北京最合适？"的提问，我做了如上回答。与印度一样，我的祖国也是国土面积广阔、人文色彩丰富的大国，不同的地域、不同的季节可以满足世界各国人民观光游览和休闲度假的需要。如果愿意选择江苏、浙江、上海、安徽等江南地区，在春暖花开、莺飞草长的季节，带上一本泰戈尔的《吉檀迦利》是最好不过的了。东北的森林和冰雪、西北的草原和沙漠、西南的民族文化，中原的历史积淀，等等，随便点出一个地方都是可以开出一门课来，讲它个十天半个月的。问题是受众的时间和精力都是有限的，讲多了就什么都留不住印象了。在首尔参加过一次原国家旅游局组织的旅游推广活动，十几个省级代表团，每个团讲十分钟，团长的PPT还要把每个地市都点到，信息太密集了。记得会后我问过一位韩国的旅行商代表"美好江苏"是什么？有哪些城市？他很诚恳地说，实在抱歉，除了我去过的南京，没有记住哪个城市的信息。事实上，国家和城市可以成为独立的国际旅游目的地，而省级行政单位则难建构独立的文化想象和旅游形象。这就要求我们在系统梳理文脉的基础上，制订十四五文化交流和旅游合作发展规划，以国家旅游线路为主干，旅游休闲城市和街区、旅游景区和度假区、传统和现代文化项目为支撑，加强对省市县区海外文化交流和旅游推广的指导工作。

"互联网不是最重要的，人的连接才是。"《纽约时报》《生意人报》《东亚日报》《经济学人》等报纸杂志、CNN、BBC、KBS等电视台、时代广场、迪拜塔、伦敦眼等城市的地标性建筑，仍然是主流媒体和广告位，也是海外了解中国文化和旅游资讯的重要途径，还是国家和地方旅游宣传推广的主要平台。在预算允许的情况下，在这些媒体和平台上做些宣传是必要的。但是一定要有充分的市场调查，了解读者和受众是谁，资讯到达和打开的路径和方法是什么，以及如何监测和评估。否则一窝蜂地投入巨资，除了往国内发些消息、做些新闻宣传、写写工作总结，又能起到什么实质性作用呢？随着互联网和数字化营销的兴起，越来越多的旅游推广机构开始重视文化交流和旅游推广的传播方式创新。一些公关广告公司开始游说地方旅游厅局在推特、脸书、领英、油管上投放广告，策划线下活动，人为地制造传播热点，看上去热热闹闹，事实上效果有限。如同小时候在乡下赶集，耍猴的艺人一敲锣，围上来一群看热闹的，等卖力表演完，端着筐开始收费，人群却哄然散去了。做文化交流和旅游推广的人很容易是把潜在的受众当作现实的观众，无意或有意把说了等于做了，做了等于做好了；把看到了当作接受了，接受了等于决策了。事实上，人的连接才是最好的旅行。在实际工作中，我们擅长做大水漫灌的公共活动，实际效果基本是水过地皮湿，入眼入耳不入心，结果就是短期的弱联系。要和不同国家、不同地区、不同文化之间的人群产生长期的强联系，必须要与所在国家和地区的旅行商、文化经纪公司和社区文化管理机构进行长期的专业沟通，要有涓滴效应和长期培育的心理准备，稳步提升入境游客满意度，最终达到并稳定在一个较高水平的位置。游客满意度调查事关需求侧管理和供给侧改革，是大众旅游的数据推手，也是智慧旅游的工作抓手，是过去12年近50个季度的不容易但是必须坚持做的事情。有了入境游客满意这个衡量旅游发展质量的指标，我们就能调动地方政府的发展入境旅游的积极性，就可以从总体上想游客之所想，从结构和细节上急游客之所急。

"中国是一个伟大的国家，你们也是。"文化交流和旅游推广不是国家层面的政府外交，不是军事交流，也不是十评九论式的大辩论，而是润物细无声的软实力和巧实力。我们的工作目标是让世界各国的人民对中国亲而近之，而不是敬而远之。来的人多了，实地看见中国的发展和人民的幸福，才会发自内心地认同中国，才会常来常往。在实际工作中，既不能有大国沙文主义，也不能以重商主义的思想指导国际旅游工作，而是要理性地看待旅游服务贸易逆差，不必要更不可能在每个年份、每个细分市场都保持竞争优势和人次、收入顺差。读万卷书，行万里路，自古以来就是中华民族的优良传统，出国旅游尤为人民所向往。全面实现小康社会以后，出境旅游的国人多了，也是面对面地做文化交流和旅游推广啊！

"心有猛虎、细嗅蔷薇。"外事无小事，从事文化交流和旅游推广工作会面临大量的礼宾、礼仪、翻译等工作，当然需要学习和掌握，然而凡事有个度，过犹不及。中国讲相敬如宾，也讲大事不拘小节。参加正式宴请、出席音乐会、参加学习研讨，当然需要正装并精心准备材料。参加多边会商、国际组织会议、知名旅游交易会，更是要对事关国家统一、民族团结和文化尊严的原则问题认真准备，并做好应对突发事件的应急预案。至于日常的沟通交流场景，甚至彼此已经是朋友了，一起喝个啤酒撸个串、星巴克聊个天，也要弄出个一本正经来，可能就会严肃到没有朋友了。曾经参与不少双边的文化和旅游年、国际旅游组织的会议论坛，有种感觉不见得准确，说出来请同志们批评：我们把太多的行政资源配置到迎来送往、布置 VIP 区的沙发、茶水和桌签、着装、礼品、剪彩等开幕式环节，以及主要领导讲话的新闻稿写作上，至于会议的内容和后续的人文交流和经济往来反而很少关注，往往是开幕即闭幕。这种现象在展览会、交易会、路演、品牌展演等项目中也不同程度地存在着，已经到了必须改变的时候。对细节的关注更多体现在倾听普通游客的声音，了解他们的诉求，只有千千万万的游客满意了，入境旅游市场才有一个可持续发展的未来。

三、大外宣与文化交流和旅游推广新体系

从原国家旅游局，到文化部，再到中宣部，一个讲好新发展阶段中国故事为导向的大外宣格局正在形成。文化交流和旅游推广既是新格局的塑造者，也是新格局的受益者，一个"中央牵头，地方协同，部门抓总，中心抓建，企事业单位协同创新"的工作体系正在构建中。

相对于高速增长的国内旅游和出境旅游市场，入境旅游特别外国人入境旅游市场长期处于低迷状态，已经严重影响了新发展阶段的国家形势建设和文化软实力的提升。如图 2 所示，入出境旅游人次和国际旅游收支的"双逆差"已经严重影响了现代旅游业的高质量发展进程，也不利于新发展阶段国家形象的建构和传播。

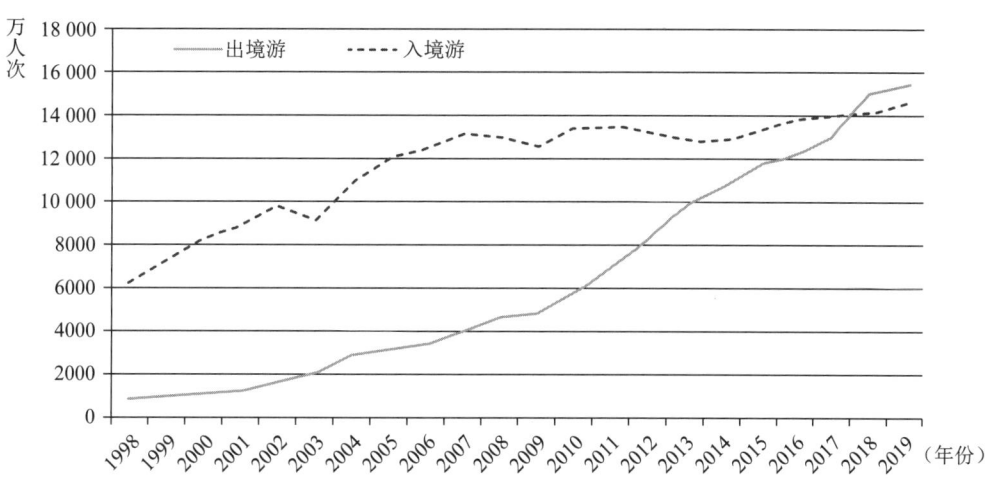

图2 1998—2019年中国入境和出境旅游人次

资料来源：中国旅游统计年鉴（1998—2019）。

在既有的"三定"规定框架下，仅仅依靠文化和旅游部与外交部、移民局、公安部、海关总署、税务总局、民航、铁路等部门之间，甚至是司局级层面的文来文往，几乎每一项政策创新都无法得到快速而有效的推进，甚至产生无处使力的行政挫折感。建议推动建立国家层面的旅游发展议事协调机制，定期研究签证、移民、海关、口岸、航权、免税购物、金融支付、语言环境等出入境旅游与旅行政策，在中央决策后为行政主管部门的政策创新提供支持。从工作层面，宜借鉴发达国家和地区的经验，适时组建市场化导向、专业化运作的国家旅游推广机构。在海南自贸港政策框架下，三亚市组建了独立于旅游行政主管部门的法定机构——三亚旅游推广局，这是一个值得跟踪研究的制度创新案例。

2018年组建文化和旅游部，原国家旅游局的国际司和港澳台司、原文化部外联局重组为国际交流与合作局，成为本系统和中央各部委规模最大、专业最强的对外交流合作机构，如果加上海外文化中心和旅游办事处，已经是独立部委，至少是国家旅游推广局的架构了。过去三年，我们在文化和旅游融合、海外文化交流和旅游推广、双多边旅游合作等方面做了大量的工作，但是在中央层面的政策协调、国家旅游形象设计、定型与推广、年度宣传主题及其内容支撑、对前方的市场分析、数据支持，以及大型活动和专业路演过程中的业务指导等，还有进一步提升的空间。

除于我们这支队伍，中央和国家机关各部委也有文化交流机构、平台和项目，并具有旅游推广的性质，比如外交部的"蓝厅发布"、宣传部的"中国馆"、统战部（国侨办）的"四海同春"、国家汉办的"孔子学院"，以及新华社、人民日报、广电总台等新闻单位的外宣项目。近年来，各省级、副省级和谋求国际影响力的城市，宣传、外事、文化和旅游部门也主动走出去从事文化交流和旅游推广工作，加起来的人力、财力、外交等行政资源的投入也达到了百亿元级别的财政预算。这么多的外宣项目，如果没有中央层面的统一协调，就形成不了国家形象的建设合力，还可能在受众心里产生差异甚至困惑。

着眼新发展阶段的大外宣格局，重构文化交流、国家形象和旅游推广的时机已经成熟，条件已经具备。让我们以更高的政治站位和更强的专业能力，讲好中国故事，创新传播体系，开创文化交流和旅游推广工作新格局。

中国旅游研究院院长

2021 年 1 月 18 日

目 录
CONTENTS

第一章 新冠疫情暂时切断入境旅游的增长通道 1
 一、2019年入境旅游市场规模稳步扩大，结构持续优化 3
 二、新冠疫情将全球国际旅游发展带入冰封期 9
 三、新冠疫情中断我国入境旅游发展的持续增长 12
 四、新冠疫情将改变我国入境旅游客源市场和目的地结构 14

第二章 保障安全的同时积极谋划入境旅游未来发展 17
 一、为保障国民安全，疫情期间入境旅游被迫中断 19
 二、储备蓄能，积极谋划未来入境旅游发展 26
 三、推动疫后入境旅游发展的政策建议 29

第三章 疫情冲击下的市场主体积极开展自救 33
 一、新冠疫情对入境旅游企业带来前所未有的打击 35
 二、入境旅游企业各显神通，积极开展自救 39
 三、入境旅游企业应对疫情的战略反思与重构 42

第四章 新冠疫情下目的地营销工作的"不变"与"变" 45
 一、旅游目的地营销工作的核心内容与方向依旧 47

二、安全和健康将是疫后来华游客的核心关注点·····················54
　　三、新冠疫情对目的地营销工作提出新要求·······················55

第五章　构建安全、健康的旅游目的地形象······················57
　　一、积极发挥政府的主导作用···59
　　二、充分发挥民间机构、团体和个人的力量·························62
　　三、将安全、健康的旅游形象宣传工作落到实处··················64

第一章

新冠疫情暂时切断入境旅游的增长通道

2019年，中国入境旅游市场持续保持2015年以来的恢复性增长，市场结构继续保持优化，入境旅游服务品质进一步提升。2019年年底，新冠疫情在湖北武汉市首先暴发，从2020年春节开始，整个旅游业迅速进入"严冬"。中国文化和旅游部坚决贯彻"把人民的生命安全和身体健康放在第一位"的指示精神，为阻断因人员聚集而带来的病毒传播，从春节假期开始将工作重心从"保障供给，繁荣市场"转向"停组团、关景区、防疫情"，随着国内疫情得到控制，国内旅游市场得以逐步恢复，按照这一发展形势，原本入境旅游市场同样有望逐步恢复。但在2020年3月之后，新冠疫情在全球暴发，世界卫生组织3月11日表示，新冠肺炎疫情的暴发已经构成一次全球性"大流行"，此次疫情致使全球入境旅游进入史无前例的大衰退。

新冠疫情在国际上的持续蔓延，使我国入境旅游恢复的前景不容乐观。到目前为止，全球疫情扩散形势依然不容乐观，入境旅游的恢复带有不确定性。但从长期来看，我们对入境旅游恢复的信心依然坚定。回顾历史，不管是流行病疫情，还是恐怖事件，还是其他自然及人为灾害，这些突发危机事件虽然使旅游业短期内遭受重创，但之后国际旅游市场均能实现有力恢复。在国内大众旅游市场不断走向成熟，旅游基础设施不断完善，旅游品质发不断提升的当前，国内旅游与入境旅游协同发展的效应将更加显著。疫情彻底结束后，伴随在国内旅游环境进一步优化，旅游服务品质进一步提升，入境旅游也能够快速走向恢复，重新步入恢复增长。

一、2019年入境旅游市场规模稳步扩大，结构持续优化

虽然新冠疫情于2019年底在湖北省武汉市暴发，但未对当年入境旅游带来负面影响，全年入境旅游继续保持2015年以来的增长态势。2019年，我国接待入境游客1.45亿人次，同比增长2.9%。其中，入境过夜市场和外国人入境市场增长势头更为明显，明显高于入境旅游市场的整体增速（见图1-1）。2019年，我国接待入境过夜游客6572.5万人次，外国人入境游客

3188.3万人次,分别同比增长4.5%和4.4%。

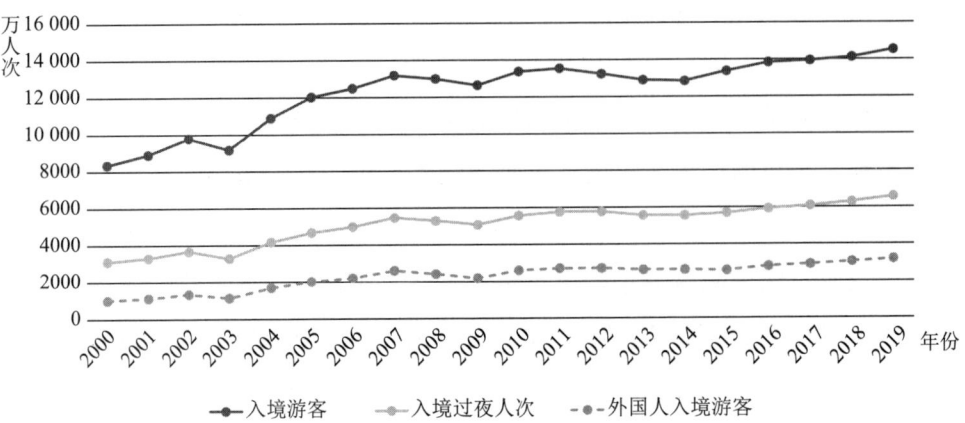

图1-1 2000—2019年中国入境游客、入境过夜游客及外国人入境游客人次

资料来源:中国旅游研究院(文化和旅游部数据中心)。

2019年入境旅游收入继续保持稳步增长。自2014年我国根据国际旅游统计规则重新调整入境旅游收入统计口径以来,我国入境旅游收入保持稳定增长趋势(见图1-2)。2019年,我国入境旅游收入达1312.5亿美元,同比增长3.3%。其中,外国人入境旅游收入770.8亿美元,同比增长5.4%,是我国入境旅游收入的主要来源,占比近六成。

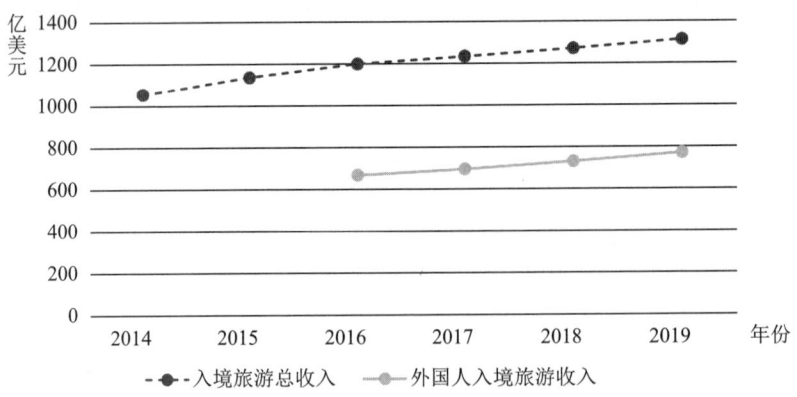

图1-2 2014—2019年中国(外国人)入境旅游收入

资料来源:中国旅游研究院(文化和旅游部数据中心)。

第一章 新冠疫情暂时切断入境旅游的增长通道
Chapter 1　The growth trend of inbound tourism being ceased due to the COVID-19

中国港澳台地区是我国入境旅游的基础市场，但其入境花费贡献进一步下降。2019 年，我国接待港澳台地区游客 1.13 亿人次，占我国入境旅游市场整体的比重达 78.1%。虽然其中的过夜游客仅占三成多，为 3655.4 万人次，但依然是我国入境过夜旅游市场的半壁江山，占整个入境旅游市场的 55.6%。在入境旅游收入方面，港澳台市场的贡献相对较低，2019 年港澳台地区游客共花费 541.8 亿美元，对我国入境旅游收入的贡献相对降低，为 41.3%。可见，虽然港澳台市场在入境人次规模上占有绝对优势，但相对外国游客，其过夜占比及花费水平明显相对较低，呈现出"停留短、频率高、花费低"的特征。

我国入境旅游市场客源市场结构依然保持相对稳定，国际政治经济关系对部分主要客源市场产生直观影响。亚洲地区持续为我国最重要的旅游客源市场。根据 2019 年的统计数据，在我国前 20 位入境旅游客源市场中，超过一半的地区/国家位于亚洲（如图 1-3）。不考虑港澳台地区，在前 10 位外国客源市场中，除了俄罗斯和美国以外也均为亚洲国家。从历年的统计数据来看（见表 1-1），虽然位居前 10 位的部分客源国家位次有所变动，但这 10 个客源国家整体保持不变。其中，与 2018 年相比，2019 年，俄罗斯超过日本和美国，成为我国第四大外国客源市场。2019 年，俄罗斯来华旅游人数达到 272.3 万人次，同比增长 12.8%，是增长最快的主要客源市场。相比之下，加拿大、美国、德国、澳大利亚、蒙古、菲律宾、日本和台湾来华旅游市场出现不同程度的下滑。其中，加拿大、美国、德国来华旅游下滑幅度较大，同比分别下降 8.7%、3.1% 和 3.2%。可以说，主要客源国市场的增长变动情况直接受到国际政治经济局势的影响。具体而言，俄罗斯来华旅游市场的增长部分得益于中俄两国之间相对更加密切的政治关系。2019 年 6 月，习近平主席访问俄罗斯，中俄两国领导人决定将中俄关系提升为新时代全面战略协作伙伴关系。相比之下，加拿大来华旅游市场的较大幅度下滑则与中加两国关系恶化直接相关。中美贸易战自 2018 年 3 月开启，其对美国来华入境旅游市场的影响在 2019 年开始显现，这与欧美游客旅行周期决策时间较长直接有关,他们往往提前6个月或者1年前就预订了来华旅游行程。与此同时,中美两国的大国关系也影响到中国与亚太地区国家,如澳大利亚、蒙古、菲律宾之间的政治关系,对其来华旅游市场带来一定负面影响。

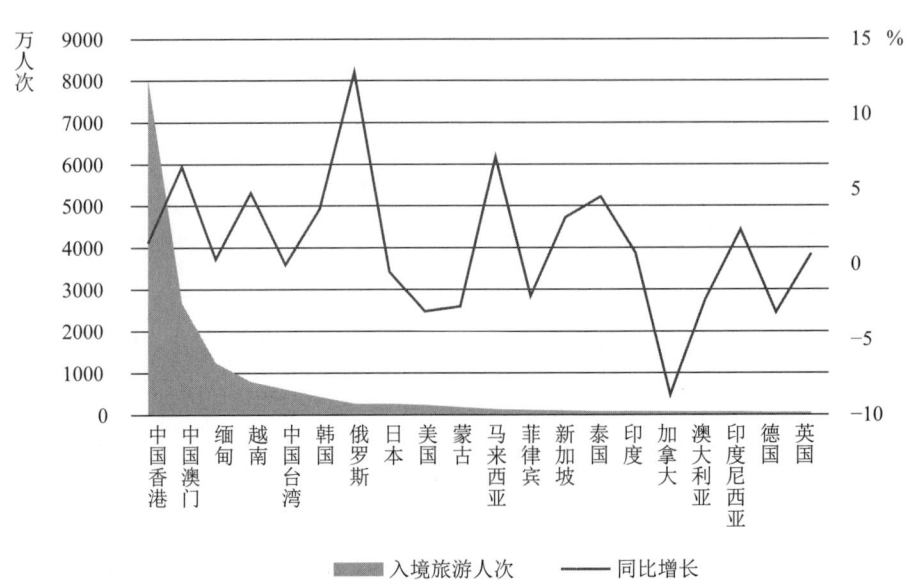

图1-3 2019年中国前20位客源国/地区来华旅游人次及增速

注:以上排名所使用的入境人次数包括边境人次数。

资料来源:中国旅游研究院(文化和旅游部数据中心)。

表1-1 2016—2019年中国前10位外国客源市场

排名	2016年	2017年	2018年	2019年
1	韩国	缅甸	缅甸	缅甸
2	越南	越南	越南	越南
3	日本	韩国	韩国	韩国
4	缅甸	日本	日本	俄罗斯
5	美国	俄罗斯	美国	日本
6	俄罗斯	美国	俄罗斯	美国
7	蒙古	蒙古	蒙古	蒙古

续表

排名	2016 年	2017 年	2018 年	2019 年
8	马来西亚	马来西亚	马来西亚	马来西亚
9	菲律宾	菲律宾	菲律宾	菲律宾
10	新加坡	新加坡	新加坡	新加坡

注：以上排名所使用的入境人次数包括边境人次数。
资料来源：中国旅游研究院（文化和旅游部数据中心）。

入境旅游市场结构进一步优化。无论是入境过夜市场占比还是外国人入境旅游市场占比均保持持续上升趋势（见图1-4）。2019年，我国入境过夜市场的占比为45.2%，比上年增加0.7个百分点，外国人入境旅游市场的占比为21.9%，比上年增加0.3个百分点。相对于一日游游客，入境过夜游客的消费能力明显更强，入境过夜旅游市场占比增加表明我国入境旅游收入更有保障。外国人入境旅游市场占比的持续增加则表明我国对外国游客吸引力进一步提升，我国在国际市场上的竞争力有所提升。

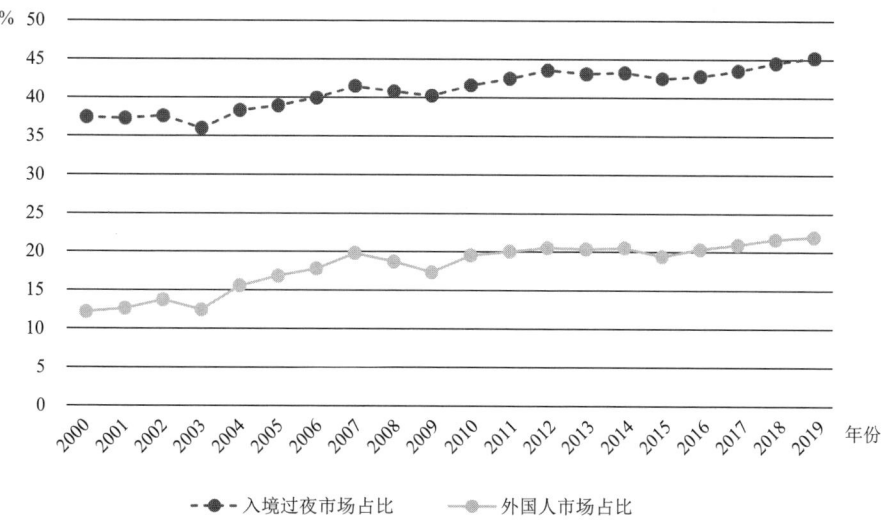

图 1-4 2000—2019 年我国入境过夜市场占比和外国人市场占比情况

资料来源：中国旅游研究院（文化和旅游部数据中心）。

入境旅游服务质量继续保持在较高水平。入境游客普遍认为来华旅游性价比较高，具有较高的满意度，且重游及推荐意愿较高，间接表明我国入境旅游服务质量较高。中国旅游研究院（文化和旅游部数据中心）2019年对入境游客开展的季度问卷调查结果显示，受访者对"旅游价格是否合理"以及"旅游质量是否与价格相符"的评分较高，均超过8.2分（见图1-5）。

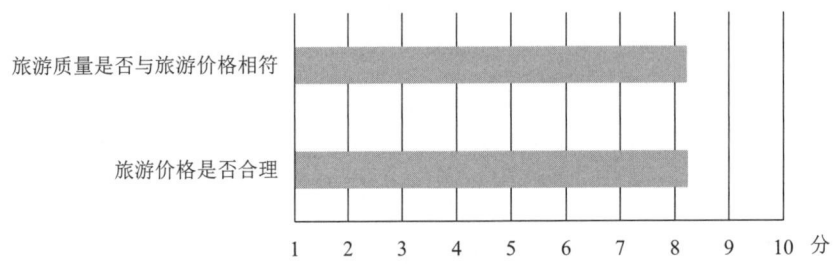

图1-5　2019年入境游客对旅游价格的评价（1~10分）

资料来源：中国旅游研究院（文化和旅游部数据中心）。

受访者的总体满意度和与其预期相比的满意度均较高，评分在8.5分左右，入境游客满意度水平较高（见图1-6）。

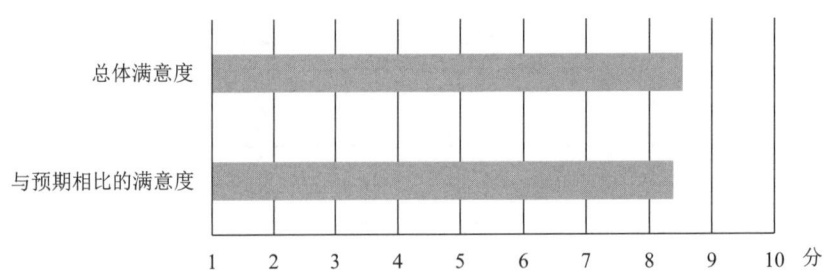

图1-6　2019年入境游客的整体满意度水平（1~10分）

资料来源：中国旅游研究院（文化和旅游部数据中心）。

受访者未来重游的可能性及推荐给亲朋好友的可能性均较高，评分在8.4分左右，入境游客表现出来的忠诚度同样较高（见图1-7）。

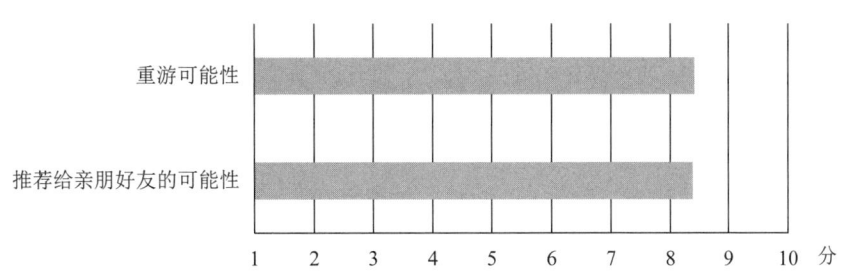

图 1-7　2019 年入境游客的忠诚度水平（1~10 分）

资料来源：中国旅游研究院（文化和旅游部数据中心）。

二、新冠疫情将全球国际旅游发展带入冰封期

新冠疫情在全球的暴发使几乎所有国际旅游目的地的旅游业处于停滞状态。新冠疫情最初于 2019 年 12 月在中国暴发，并于 1 月 13 日起，陆续蔓延到泰国、日本及韩国等国家。世界卫生组织于 1 月 30 日宣布该疫情为"国际公共卫生紧急事件"（PHEIC）。随着疫情在意大利、韩国与伊朗及其他欧洲国家的迅速蔓延，世卫组织于 3 月 11 日宣布此次疫情已构成"全球大流行"，并于 3 月 13 日表示欧洲已经成为全球疫情的中心。到 5 月，意大利、西班牙、德国、法国等欧洲国家疫情已经得到基本遏制，但紧接着南美洲开始成为疫情的新中心。7 月 21 日，世卫组织指出非洲疫情正在持续加速发展。自 3 月开始，新冠疫情在全球持续扩散，且没有出现好转迹象。截至 2020 年 7 月底，全球已有 220 多个国家和地区累计报告逾 1700 万名确诊病例，近 67 万名患者死亡，其中，美国、巴西和印度是目前全球累计确诊病例最多，且新增病例快速增加的三个国家。这次疫情被多个国际组织及传媒形容为自第二次世界大战以来全球面临的最严峻危机。由于新冠病毒潜伏期相对较长，一般情况下由 1 至 14 天不等，个别病例可达 24 天，且传染性强，没有感染迹象或仅有轻微感染迹象的感染者也能将病毒传染给他人，症状筛查无法有效检测，它比中东呼吸综合征（MERS）或严重急性呼吸道综合征（SARS）的疫情更

难控制。为阻断病毒传播，全球各国纷纷采取居家隔离措施，减少人员之间的接触，这对需要人员流动和人员密切接触来实现食、住、行、游、购、娱的旅游业而言，直接按下了"暂停键"。受疫情影响，许多国家临时采取限制入境、减少人员流动、关闭公共场所和旅游景点等措施，国际旅游业遭受重创。

2020年全球国际旅游发展形势前所未有地严峻，恢复预期不明朗。根据联合国世界旅游组织（UNWTO）发布的世界旅游晴雨表，2020年前8个月，全球接待国际游客人数不足3亿人次，与2019年同期相比减少7亿人次，同比下降70%。国际旅游业损失达7300亿美元，是2009年全球金融危机造成损失的8倍多。从地区来看，亚太地区受疫情影响最早也最大，国际游客接待人数下降79%；其次是非洲和中东地区，下降69%；欧洲和美洲地区分别下降68和65%。世界旅游组织在5月初对2020年全球国际旅游发展走势做了三种情景的预测。根据各国逐步开放边境并放宽旅行限制的不同时间点，2020年全球国际旅游人次将同比下降58%~78%。如果这一时间点在7月，全球国际旅游人次将下降58%；如果在9月，则下降70%；如果在12月，则将下降78%。根据这种三种情景，世界旅游组织预计，2020年全球国际游客总人数将同比减少8.5亿至11亿人次，造成9100亿至12 000亿美元的经济损失，并影响1亿至1.2亿个直接与旅游业相关的工作岗位。目前来看，绝大部分国家并没有开放边境且放宽旅行限制，2020年全球国家旅游接待人次很可能将下降七到八成，最坏的情况下，2020年全球国际旅游人次将减少为3.2亿人次，直接下降至20世纪80年代中期的水平。世界旅游组织认为，这将是自1950年有记录以来，全球旅游业所经历的最严重的一次危机。2020年上半年，世界旅游组织的旅游信心指数（the UNWTO Confidence Index）降至历史最低点，世旅组织大多数专家预计国际旅游业将在2021年下半年得以恢复。

部分国家率先实施疫后国际旅游恢复计划与措施，优先开启区域客源市场。尽管新冠肺炎疫情导致全球旅游业暂时陷入停滞，但各国人民出游的需求并没有消失。部分旅游目的地国家在疫情得到较好控制后，开始着手恢复入境旅游，针对特定国家开启人员交往通道。但在普遍有效的疫苗出现之前，各国仍保持谨慎态度，不会轻易开放边境。近期各国旅游业的恢复以"部分开放"为主要特征，具体表现开启"旅行泡泡"（travel bubble）或是旅游走廊（travel corridor），即在成功控制疫情的国家间建立起跨境旅行区域，区内居民可在内部自由旅行而不必采取强制性隔离。目前疫情控制相对较好的亚太和欧洲国家已经或者计划开始优先针对疫情得到较好控制的国家/地区开放边境。例如，波罗的海三国立陶宛、拉脱维亚和爱沙尼亚于5月15日零时对彼此重新开放边界，形成欧盟内部首个"旅行泡泡"。伴随大多数欧洲国家疫情的明显好转，多个欧盟成员国在6月中旬解除了针对申根区内部的旅行禁令。近期，欧盟将针对欧盟外国家开放边境，根据各国过去14天内各国的新增病数、疫情发展的综合趋势、政府处理的方式这几个标准来选择优先开放国家。7月1日起，欧盟对来自15个被认为是"疫情安全国"的访客开放边境，并根据各国疫情最新变化每两周对名单进行调整。亚太地区同样开始计划开启区域性旅行泡泡（travel bubble）或是旅游走廊。澳大利亚自5月就开始与新西兰讨论建立"跨塔斯曼旅行泡泡"的可能性。泰国6月15日表示，拟针对疫情控制得当且与泰国达成双边协议的国家实施"旅行泡泡"计划，初期可能每天允许1000名外国游客入境，并将首先允许商务游客和医疗游客入境，如果该初期执行后未出现疫情反弹，则会考虑继续放行普通游客入境。

但目前疫情的反复让"旅行泡泡"计划的落实面临现实挑战。近期世界范围内出现不同程度的疫情反弹，加之各国政府为确保"旅行泡泡"计划可行而提出的前提条件（如双边检测、着陆后的行程限制）极为烦琐，"旅行泡泡"的实际落实情况并不理想。澳大利亚和新西兰之间的"跨塔斯曼旅行泡泡"由于澳大利亚疫情大规模反复而宣告搁置；刚刚开通的新加坡和中国香港之间的无检疫"旅行泡泡"由于香港疫情反复而被暂停。泰国的"旅行泡泡"计划也由于原本制定国家疫情反复而被迫搁置。

三、新冠疫情中断我国入境旅游发展的持续增长

受新冠疫情影响，我国入境旅游发展的国际经济、政治及社会文化环境恶化，入境旅游需求下降。此次疫情对我国入境旅游同样带来前所未有的冲击，为保障国民安全，维护来之不易的抗疫成果，我国不得不封闭边境，对国际旅行采取限制。2020年入境旅游市场的下行要超出年初的判断，达到甚至超过全球国际旅游的平均水平，入境旅游市场的恢复预期同样不甚明朗。

新冠疫情对全球经济带来前所未有的冲击，居民收入水平的下降势必降低来华旅游需求。根据世界银行2020年6月发布的《世界经济前景》，受新冠疫情的影响，世界银行下调年初的经济预测，预计全球经济在2020年将下滑5.2%左右，为"二战"以来的最大降幅，人均GDP降幅、波及国家范围将为1870年以来最广。国际货币基金组织于6月发布《世界经济展望》，同样下调2020年全球经济增速，预计2020年全球经济下降4.9%，比4月《世界经济展望》的预测低1.9个百分点。新冠疫情对2020年上半年经济活动的负面影响比预期的更为严重，预计保持社交距离的要求持续到2020年下半年，经济复苏更为缓慢。经济衰退直接带来各国居民收入水平的下降，人均GDP的降幅可能要远低于GDP本身。根据世界银行的统计数据，受2008年年底金融危机的影响，2009年全球实际GDP增长下降1.7%，同期人均GDP实际降幅更大，为2.7%。而已有研究成果表明，收入正向影响国际旅游需求，是最为重要的影响因素，且需求收入弹性大于1。根据Crouch（1996）的统计，收入弹性的均值为1.86，标准差为1.78（Crouch, 1996）。根据Peng等（2015）最新的统计，收入弹性更高，其均值为2.526。在2020年人均GDP大幅下滑的现实压力下，加之较高的旅游收入弹性较高，各国居民出境旅游需求势必将被压低。在这一背景下，我国入境旅游需求的下降同样无法幸免。

新冠疫情的全球蔓延使我国入境旅游市场短期内受到前所未有的重创。

第一章　新冠疫情暂时切断入境旅游的增长通道
Chapter 1　The growth trend of inbound tourism being ceased due to the COVID-19

受新冠疫情在全球持续蔓延的影响，叠加中美贸易摩擦等国际政治因素，2020年，我国入境旅游市场将出现较大幅下滑。根据2月底中国旅游旅游研究（文化和旅游部数据中心）的初步预测，分别假定在3月底或4月中旬、5月底至6月中旬、7月底至8月中旬三个时间节点上，我国打赢防控新冠肺炎阻击战，且世界卫生组织分别于3个月后宣布解除"国际公共卫生紧急事件"，通过仿真测算和专业评估，形成新冠疫情对全年入境市场影响的三个情景预测。即使根据最悲观的预测情景，我国入境旅游人次和收入下滑幅度也要大大好于世界旅游组织的预测。2020年我国入境旅游人次和收入的将分别下滑40.7%和44.5%。虽然国内疫情在2月底3月初得有效防控，复产复工有序开展，国内旅游业迎来了"防控疫情+有序复工"或者说"防控型复工"的新阶段。但由于这一测算时间较早，没有考虑到此次疫情在3月之后的全球暴发，其对出境，尤其是入境市场的估计过于乐观。

我国外国人入境市场或将与全球国际旅游市场同样出现大幅下滑。自从3月11日世界卫生组织宣布新冠肺炎疫情为"全球大流行"以来，我国主要客源市场均在不同程度上暴发新冠疫情，来华旅游直接受阻。与此同时，为防止境外疫情输入，保卫国内疫情防控取得的宝贵成效，中国自2020年3月28日，暂时停止外国人持目前有效来华签证和居留许可入境，同时暂停各种优惠签证政策，这包括APEC商务旅行卡、口岸签证、24/72/144小时过境免签、海南入境免签、上海邮轮免签、港澳地区外国人组团入境广东144小时免签、东盟旅游团入境广西免签等政策。受客源地和目的地的双重防控措施影响，UNWTO专家问卷调查显示多数专家认为全球国际旅游业将在2020年第四季度或2021年出现复苏迹象。我们初步预计，我国入境旅游或将与全球入境旅游同步，出现七到八成的下滑。3月国家移民管理局发布的监测数据也部分印证了这一可能下滑。据称，自3月11日世界卫生组织宣布新冠肺炎疫情为"全球大流行"以来，全国陆海空口岸入境人员日均12万人次，与去年同期相比下降了八成多。其中，乘国际航班入境的人员日均2万人次，外国人占比仅一成左右。而在3月28日我国封锁边境后，入境旅游，尤其是外国人入境旅游市场几乎进入"真空期"。

四、新冠疫情将改变我国入境旅游客源市场和目的地结构

疫后人们出游行为会发生改变，伴随人们出游距离的缩短，我国入境旅游的客源市场结构也将有所调整，港澳台及亚洲近距离市场在疫后恢复初期将成为主力市场。人们将更偏爱安全、生态型的旅游目的地，鉴于新冠疫情对我国地方影响程度不同，进而对各地入境旅游的影响也有所差异，受疫情影响较小的省市将更受欢迎，它们大都位于西部人烟稀疏地区，疫后这些地区的入境旅游或将得以优先恢复，从来为其带来后发追赶的机遇。

港澳台市场占比有可能进一步上升，外国入境客源市场的"距离衰减"特征将更加明显。疫后潜在入境游客对出于安全的谨慎考虑，将压缩旅行时间，缩短出游距离，从而降低行程中的安全风险。各国在疫情期间开展的国内旅游调查结果表明，疫情使居民出游半径缩短，居民倾向于选择短距离旅游，但伴随疫情好转，出游半径也将同步增加。越南旅游咨询委员会于6月发布（TAB）的调查结果显示，因受新冠肺炎疫情的影响，接近50%的受访者选择短期旅行。中国旅游研究院、携程旅游大数据联合实验室3月开展的"2020疫情后旅游大数据调研项目"显示，90%以上的受访者选择国内游，其中，选择城市周边游和国内中短程游的受访者接近七成。与此同时，中国旅游研究院（文化和旅游部数据中心）的节假日监测数据表明，受新冠疫情影响，2020年春节期间外地游客在目的地的平均游憩半径为11.1公里，但伴随疫情的好转，清明期间，这一游憩半径增加至12.9公里，较春节期间平均提升16.0%。到五一期间，这一游憩半径再次增加至16.7公里，较春节期间提升50%。相信伴随全球疫情的好转，各国居民的出游也将遵循这一规律，在疫情结束初期，赴周边国家的出游将率先得以恢复。在全球疫情尾声，无论是地理距离还是文化心理距离都较近的港澳台市场将率先得以恢复，由于这一市场入境游客的短停留、高频率和低花费特征，短期内可能拉低入境过

夜旅游市场占比和外国人入境旅游市场占比，入境旅游市场结构发生调整。类似地，对于对外国客源市场，原本占六成左右的亚洲客源市场的占比短期内可能会有进一步的提升，周边国家的到访在一定时间内将成为我国入境旅游更加重要的客源市场。

受疫情影响较小的地方省市因疫后的优先恢复而面临新的发展机遇。疫情虽然席卷了全国各个省市自治区，但对不同地区的影响各有不同。根据中国疾病预防控制中心的"新型冠状病毒感染的肺炎疫情分布系统"（http://2019ncov.chinacdc.cn）显示的最新数据，截至2020年8月6日，不考虑港澳台地区，西藏、青海、宁夏三个省份的累计病例均不过百，是受新冠疫情影响最小的地区，其次是贵州、吉林、海南、甘肃和云南，其累计病例均在100~200例之间，也是受疫情影响较小的地区。游客出于对旅行安全的考虑，即使在疫情彻底结束的一段时间内，对目的地的安全认知恢复到正常水平在时间上会有所滞后，这些省份在疫情尾声及疫情彻底结束后一段时间内拥有优先恢复的机遇。从这些省份的实际情况来看，也确实更加符合旅游优先恢复发展的要求。首先，除了吉林和海南外，这些省份均位于西部地区，其人口密度相对较小，这为疫情之后的旅游的恢复提供了更加广阔的安全空间，即使在疫情尾声，在入境旅游线路的合理规划和安排下，其造成疫情扩散的风险较低；其次，疫情尾声及疫后一段时期内，游客对自然生态类旅游目的地更加青睐。越南旅游咨询委员会（TAB）的调查结果也印证了这一点，调查显示，越南居民在设施社交距离后，对海边旅游的需求突增67%，对自然旅游的需求增加了56%。我国西部地区自然生态风光独特，有众多的自然生态型旅游目的地，海南则直接为我国最典型的滨海度假胜地，也是典型的自然生态型旅游目的地，可以较好地满足入境游客在疫后对自然生态类旅游的偏爱。这为这些地区发展入境旅游提供了后发追赶优势，与此同时，这些地区的旅游基础设施普遍相对落后，旅游服务人才相对短缺，其疫后入境旅游的快速恢复也面临着相应的挑战，需要在疫情期间就开始未雨绸缪，进一步改善和提升旅游基础设施及旅游服务品质。

第二章
保障安全的同时积极谋划入境旅游未来发展

第二章　保障安全的同时积极谋划入境旅游未来发展
Chapter 2　Being actively prepared for the future development of inbound tourism while ensuring safety

自新冠疫情暴发以来，我国积极行动，在国内抗疫取得初步成效后，为保障抗疫成果，我国严守国门，防止境外疫情输入，入境旅游暂时中断。与此同时，国家和地方各级旅游部门积极谋划，在疫情期间不间断地开展入境旅游推广，为入境旅游的恢复提前部署。疫后入境旅游的恢复离不开专业智库的政策储备，需要进行制度创新，积极开展国际合作，继续优化入境旅游环境，同时也需要有针对性地关注潜力市场主体的生存及可持续成长。

一、为保障国民安全，疫情期间入境旅游被迫中断

作为最早受新冠疫情冲击的国家，中国果断且及时地采取了最严厉的防控措施，在相对较短的时间内有效阻止了病毒的进一步蔓延。从疫情初期的停止入境旅游，到国际疫情蔓延下暂时停止外国人有效来华签证和居留许可入境，再到海陆空入境政策的不断升级，客观上在短期内中断了入境旅游的发展。

（一）疫情期间入境签证政策保持收紧

新冠肺炎疫情于2019年年末出现，随后蔓延到中国各地。面对突如其来的新冠疫情，中国政府审时度势、科学研判，果断采取一系列有效措施保障人民群众的生命安全和身体健康，坚决遏制疫情蔓延势头。在已有国家联防联控工作机制的基础上，中央及时成立应对疫情工作领导小组，启动了国家最高层级应急响应机制，形成了统一高效的应急管理体系，统筹各级政府、各个部门和社会力量采取应急反应措施。在中央政府的统一部署下，各地的应急响应迅速有序。1月23日上午，浙江省率先启动重大突发公共卫生事件一级响应，随后的一周内，全国31个省、市、自治区全部启动一级响应，并出台多项政策规定，其中暂停一切文化旅游活动是重要内容之一。为响应中央精神，防止疫情经由旅游活动进行传播和扩散，旅游主管部门于1月24日发出通知，将春节假期的工作重心转向"停组团、关景区、控疫情"，入境旅

游接待被按下了暂停键。在中国强有力的各项防控举措之下，国内疫情逐渐趋于可控，3月12日开始，部分地区恢复了省内旅游业务，7月14日恢复跨省旅游活动，国内旅游业进入防空型复工的新阶段。

1月底，亚洲部分国家和地区相继报告了新型冠状病毒感染的肺炎确诊病例，疫情形势日益严峻，为防止疫情经口岸传播，海关总署重新启动出入境人员填写健康申明卡制度，出入境人员必须向海关卫生检疫部门进行健康申报，并配合做好体温监测、医学巡查、医学排查等卫生检疫工作。2月中旬，韩国出现疫情的集中暴发，中韩两国之间的贸易和人员交流频繁，从韩入境我国的人员在短时间内迅速上升，各地为严防国内疫情回流，相继采取了适当的措施。山东、辽宁、吉林、黑龙江和福建等多个省份和地区要求自韩入境人员进行14天的隔离观察。以威海为例，山东威海要求自2月25日起，对从日本、韩国等国家来威海的入境人员，包括外籍人员和中方人员，全部统一接到宾馆免费集中居住，14天后解除集中居住。对2月10日以来从日韩已经入境的中外人员，全部进行电话随访，了解每个人的身体状况，对发热人员和密切接触者迅速进行专业处置。

疫情从亚洲迅速蔓延到全球，至3月初，除南极洲以外的六大洲全部出现新冠疫情确诊病例。3月11日世界卫生组织宣布新冠肺炎疫情为"全球大流行"，一周内，我国陆海空口岸入境人员日均12万人次，与去年同期相比下降了八成多。其中，乘国际航班入境的人员日均2万人次，外籍入境人员占比一成左右。3月17日，我国口岸启用第五版健康申明卡，增加了"健康申明须知"内容，明确告知入境人员须如实申报健康状况和旅行经历等，如有隐瞒或虚假申报，将依照《国境卫生检疫法》及其实施细则、《刑法》等追究法律责任。各级海关对来自口岸重点防控国家的交通工具进行100%风险布控，100%实施指定地点登临检疫。对交通工具进行卫生检疫，严格实施入境交通工具的消毒，切断传播途径。对所有入境人员严格实施"三查三排一转运"的口岸检疫措施，所谓"三查"就是全面开展健康申明卡核查、体温监测筛查、医学巡查；所谓"三排"就是严格实施流行病学排查、医学排查、实验室检测排查；所谓"一转运"就是对判定的确诊病例、疑似病例、有症状人员和密切接触者"四类人员"，一律按照有关规定移交地方联防联控机制做后续处置。

3月中旬，在国内疫情逐步趋于稳定的情况下，新冠肺炎疫情在全球范围快速蔓延，国外确诊病例超过中国。为有效防范境外疫情输入风险，我国决定自2020年3月28日起，暂时停止外国人持目前有效来华签证和居留许可入境。暂停外国人持APEC商务旅行卡入境。暂停口岸签证、24/72/144小时过境免签、海南入境免签、上海邮轮免签、港澳地区外国人组团入境广东144小时免签、东盟旅游团入境广西免签等政策。外国人如来华从事必要的经贸、科技等活动，以及出于紧急人道主义需要，可向中国驻外使领馆申办签证。外国人持公告后签发的签证入境不受影响。中国这一做法是参考了多国的相关做法，是不得已而采取的临时限制措施。9月28日起，我国开始允许持有效中国工作类、私人事务类和团聚类居留许可的外国人入境，但这只适用于一部分常年居住在中国工作或学习、已经持有特定类别居留许可的外籍人士，并不包括持有旅游签证的广大外国入境游客，入境签证政策依然收紧。

（二）各类口岸严防密控入境活动

中国国土幅员辽阔，拥有2.2万公里的陆地边境线和1.8万公里的海岸线，形成海、陆、空三类入境口岸。面对日益严峻的国际疫情，各类口岸的不断升级疫情防控技术指南和入境政策，保障我国国门安全。

（1）民航局根据疫情形势调整客运航班政策。航空作为出入境我国的主要途径，自疫情暴发以来，我国民航局实时调整客运航班政策，截至2020年7月底，下发和更新了五版运输航空公司、机场疫情防控技术指南，前后三次发布调整国际客运航班的通知，有效地减少了我国入境航班，同时为了保证我国留学生和海外华侨华人回国和物流必要需求，安排专门航班，出台相关政策，保证我国公民的必要需求。

结合民航局前后三次下发的通知对国际客运航班政策进行调整，国际客运航班数量变化呈四个阶段。第一阶段，从疫情暴发伊始到3月19日民航局第一次下发《关于在疫情防控期间控制国际航运客运量的通知》。按照《通知》要求，在3月19日之前民航局执行的航班上限基数每周1165班，并一直呈现递减趋势。第二阶段，从3月19日到3月26日，实际执行航班减至734班，减少了37%。第三个阶段，从3月26日起，民航局开始实施"五个一"的新政策，即仅保留1家航司，1个国家保留一条航线，每周执行一班。"五个一"新政执行以来，国际入境航班大幅缩减。以执行新政的第一周为例，从3月29日到4月4日，国际客运航班量仅为108班，相较于上一周的734班又减少了85.3%，108班相当于在疫情暴发前全国的国际客运航班总量的1.2%，北京、上海、广州三大航空枢纽的航班量也从一周前的550班减少到61班，降幅达89%。"五个一"政策实施以来，从源头上最大限度遏制了境外疫情通过航空口岸输入的风险，为我国疫情防控取得阶段性成果发挥了重要作用。与此同时，相当一部分国家为应对疫情采取了相应的防控措施，对抵离我国的航班量起到了加剧递减的效应。6月4日民航局再次发布《民航局关于调整国际客运航班的通知》，开启第四个阶段。此次《通知》调整主要涉及前期暂停执飞我国客运航班的95家外国航空公司。调整后，这些航空公司可以按照"五个一"措施原则，在本公司经营许可范围内，选择1个具备接受能力的口岸城市每周运营1班国际客运航班。由于沙特、意大利等31家外航尚未恢复至华国际航班，因此，国际客运航班量增幅不大。6月8日以来，每周实际航班量约为150班，实际增加50班，每周航空口岸入境人数约33 000人，平均每日入境人数约4700人。纵观疫情发生以来航班量和入境人数，从初期的数量下降到"五个一"新政后的大幅度下降，再到6月8日以来的小幅回升，民航总局根据国际疫情的发展态势，秉承坚决阻遏疫情输入风险的原则，合理安排国际客运航班数量，合理控制入境人数，为保障我国国门安全提供了有效保障。

在控制航班数量和入境人数的同时，民航局不仅先后出台了五版《运输航空公司、机场疫情防控技术指南》，而且会同相关部委制定了一系列风险防范措施，主要有以下四点：第一，要求所有中外航空公司必须严格执行民航局发布的《运输航空公司疫情防控技术指南》，严格落实民航局、海关总署发布的《关于中国籍旅客乘坐航班回国前填报防疫健康信息的公告》中的相关要求。第二，要求各航空公司申请航班计划时，提供口岸机场所在地疫情防控部门出具的《疫情防控保障能力》确认函，以确保口岸城市具备接收国际航班及旅客的综合保障能力，防止航班入境地点过于集中。第三，实施第一入境点措施，国际疫情日趋严重，回国的留学生和海外侨胞日益增多，北京作为重要的入境口岸，入境旅客相对比较集中，入境所需时间比较长，导致人员聚集，增加了在口岸接触感染的风险，对此，我国民航局会同外交部、国家卫健委、海关总署和移民局五部委在3月19日、3月22日连续两次发布公告，要求目的地为北京的国际客运航班分两个阶段由指定第一入境点入境，政策实施一周后，由于不符合检疫要求滞留在第一入境点的旅客达19 207人，滞留的比例达到82.9%。第一入境点的政策极大地降低了北京口岸境外疫情输入的风险。第四，结合实际输入风险实施航班量的动态调整，对所有航班采取奖励和熔断措施。奖励措施，是指航空公司同一航线航班如果连续3周没有核酸检测结果为阳性的旅客，则允许其在航线经营许可规定的航班量范围内增加每周1班，最多达到2班。熔断措施，是指航空公司在所运营国际航线上的单个入境航班中，核酸检测结果为阳性的旅客人数达到5个，则该航司该航线航班暂停1周，若达到10个，则暂停4周。在多重举措的配合下，有效地防控了运输航空中存在的相关风险。

（2）陆路边境口岸严控出入境活动。我国陆地边界线长达2.2万公里，辽宁、吉林、黑龙江、内蒙古、甘肃、新疆、西藏、云南、广西9省（自治区）与14个国家陆地接壤，边境开放口岸91个，除此之外，还有数量众多的边民通道、便道、小路，陆路边境情况复杂，黑龙江绥芬河口岸、内蒙古满洲里口岸都出现入境确诊病例，境外疫情自陆路方向输入我国的风险非常高。对此，我国移民管理部门先后出台了一系列措施严防疫情输入风险。

从严限制不必要的出入境活动。面对愈加严峻的疫情形势，我国严防边境口岸的出入境活动，禁止第三国人员从边境口岸出入境，暂停签发因非必要事由申请的各类边境地区出入境证件，暂停陆路口岸通道客运功能，劝阻旅游、访友等非必要事由的出入境行为。自疫情暴发至2020年4月，境外人员包括边民出入境的人员数量从疫情发生前的每天6万多人次下降到每日1万余人次，下降幅度达到了八成多。

从严管理出入境口岸和通道。自疫情暴发，已经关闭的边境口岸继续关闭，季节性口岸延期开关，协同相关地方部门对关停的边境口岸通道加强值守看管。4月初，黑龙江绥芬河口岸出现入境确诊病例，边陲小镇告急，我国一方面调集各方力量在边陲小镇开启"战役"，另一方面紧急关闭绥芬河口岸，至此，中俄边境所有口岸全部关闭。此外，针对非法入境活动加大打击力度，对查获的非法入境人员及时依法遣返出境，确保边境地区安全稳定。

从严查验出入境人员和交通运输工具。为了保障边境经贸往来，我国对边境口岸实施"只货不客"，对往返边境的交通工具和人员实施检疫检查。针对往来的货运交通实行点对点闭环运输方式来有效管控，海关、边防、卫健、运输几部门共同合作，确保传染源不传播。对于入境人员一方面积极支持配合边境省区所在地政府落实入境人员集中隔离的措施，对于出境的内地居民边检人员在检查时都要核查最近一次的入境记录，如果发现14天内有入境记录的，依法阻止出境，并依法依规予以处理；另一方面，针对货车司机进行封闭管理，外方司机要求当天往返，如有特殊情况进行封闭管理，同时相对固定驾驶人员，并定期核酸检测，确保人员安全。

全面强化边境口岸各项防疫工作。我国陆路边境地区，尤其是边境市县重大疫情防控能力相对不足，难以满足疫情监测、实验室检测、疫情处置、隔离观察、医疗救治等防控工作的需要。为了尽快补齐短板，迅速提升陆路边境口岸地区的疫情防控能力，国家卫生健康委会同相关部门采取针对性措施，强化陆路边境市县医疗卫生机构能力建设，切实筑牢边境防线。各地也针对自身情况，制定了检测、隔离、救治等能力提升方案，推进实施，强化关口前移、入境管控、社区管理、门诊监测、医疗收治等全链条闭环管理，真正实现从"国门"到"家门"的全链条管理,有效地应对了边境疫情防输入的压力。

（3）加强水运口岸防疫工作。我国海岸线延绵1.8万千米,水运是我国重要的客货运输方式之一,目前,我国正式开放的水运口岸128个。新冠疫情暴发后,我国及时采取相关措施防止疫情通过水运交通进行边境传播,暂停所有水运口岸的旅客运输服务,暂停了包括中日、中韩以及大陆与台湾、内地与港澳在内的所有旅客运输航线,并暂停所有中国港始发或挂靠的邮轮,极大地减少了水运口岸的人员流动数量。

做好船员防控工作,减少输入风险。疫情期间,95%以上的国际货物都是经水路进行运输的,每天进入中国的国际货运航行船舶大约500艘次,在岗的船员大概7000人左右,针对船员的防控措施至关重要。由于海运的国际性,船员大多都是在境外从事国际运输工作,海外感染风险较高。因此,针对这些船员,我国要求直属海事部门要配合相关管理机构进行专门管理,船员没有得到批准不允许上岸,所有的外国籍船舶不得在中国换班外籍船员,减少输入风险。

严控港口防疫工作。针对港口的防控工作,我国一方面要求尽量减少登临船舶的作业,确有需要登临船舶作业的,要做好防护工作,尽量避免疫情传播。另一方面,要求各港口在防护好的前提下做好船检、物料运输、装卸等各方面的保障,做好港口服务,确保国际货运畅通。

实施信息管理,形成信息闭环。信息统计和申报是我国疫情防控工作的重要环节,对此,我国要求所有国际航行船舶及时与海关、边检等沟通信息,实行信息报送,做好预案。具体来说,所有国际航行船舶预计到达中国港口口岸的48小时之前,必须申报,提前报告船员的健康状况。同时要求港口做好转运,如果发生疫情,严格按照当地防疫要求,做好转运、治疗等方面的工作,确保将境外疫情输入风险降到最低,使疫情得到有效控制。

二、储备蓄能,积极谋划未来入境旅游发展

(一)彰显大国担当,树立良好形象

举国防控展现大国能力。自疫情暴发之日起,中国便在党中央的领导下,集全国之力,共抗疫情。武汉"封城"、医疗救助、对口支援、应急响应、联防联控、群防群治,一系列最彻底、最严格的防控举措为我国疫情防控阻击战迎来阶段性胜利,国内疫情形势整体向好。中国的"抗疫"过程向世界证明,中国有能力控制疫情的肆虐,有能力把疫情的影响降到最低。我国举全国之力防控疫情的努力也获得了国际社会的广泛赞誉和认可。世界卫生组织总干事谭德塞表示,中方行动速度之快、规模之大,实属罕见,展现出中国速度、中国规模、中国效率。伊朗外长扎里夫、加拿大外长商鹏飞等高度赞赏钦佩习近平主席和中国政府在此次抗击疫情中表现出的杰出领导力和中国人民的团结。德国总理默克尔、欧盟委员会主席冯德莱恩、沙特国王萨勒曼、塞内加尔总统萨勒等认可、高度赞赏中国政府为应对疫情采取的有力措施。美国总统特朗普表示,中方在极短时间内就建成专门的收治医院,令人印象深刻,这充分展示了中方出色的组织和应对能力。巴基斯坦总理伊姆兰·汗更是明确表示,整个世界都感谢并赞赏中方应对疫情的努力和成效,没有任何国家可以做得比中国更好。

信息共享展现大国胸怀。自疫情发生以来,中国秉持人类命运共同体的理念,及时对外发布我国疫情信息,积极与世卫组织和国际社会交流,主动与各国分享我国防控的有益做法和经验。疫情研究方面,中国科学家在很短的时间内迅速测定了病毒全基因组,成功研制了快速检测试剂盒,并将之与国际社会分享,同时积极与国际社会合作,开展药物和疫苗联合研发。面对中国的大国胸怀,世界卫生组织官员赞扬中国政府每天通报有关疫情的最新情况的做法。

对外援助展现大国担当。中国作为负责任的大国，在国内防控工作依然复杂艰巨的背景下，毅然派出多支医疗队伍，尽己所能为有需要的国家提供支持和援助，截至 3 月底，中国已向 83 个国家以及世卫组织、非盟等国际和地区组织提供了紧急援助，为打好全球疫情防控阻击战作出了重要贡献。世界卫生组织感谢并高度赞赏中国政府在全球疫情应对的关键时刻，能够克服自身巨大困难，向其他发展中国家及时伸出援手、慷慨解囊。塞尔维亚总统武契奇也对"唯一向他们伸出援助之手的中国"表示感谢。西班牙、意大利、韩国、日本、伊朗、伊拉克等国国民通过社交网络对中国毫无迟缓的援助表达了感激之情。

加强合作展现大国诚意。当今世界深度互联，公共卫生安全成为国际社会的共同关注。新冠肺炎疫情在全球的蔓延对各国安全都造成了严重的威胁，只有国际合作才是人类战胜病毒的唯一选择。中国从构建人类命运共同体的高度，积极开展公共卫生治理的国际合作。利用国际资源，全力服务疫情防控需要，为全球公共卫生事业尽责。一方面，积极开展国际协调，推动国际社会在应对疫情方面展开共同行动；另一方面，将中国在本次抗击疫情中积累的技术、经验和方法通过国际组织及时分享给其他国家，帮助卫生系统薄弱的国家积极开展预防行动，为国际社会应对当前和未来公共卫生危机作出贡献，为全球公共卫生治理进行有益探索。

在疫情防控日趋常态化的形势下，中国严格的防控措施和成熟的防控体系营造了健康安全的旅游目的地形象。中国在抗击疫情中表现出的大国责任与担当，赢得了国际社会的普遍认可，为中国创造了友好的旅游目的地形象。良好旅游目的地形象的塑造为我国迎接疫后入境的重启打下了坚实的基础。

（二）夯实基础，开展多样化宣传

疫情虽然关闭了国门，暂停了入境旅游活动，但是没有阻止我国发展入境的决心和行动。疫情期间，我国一方面苦修内功，夯实基础；另一方面，各地开展以新媒体为主要途径的海外推广和营销，以积极的态度应对疫情，时刻准备迎接入境旅游的再次开放。

夯实基础，提质升级。突发的疫情为我国旅游业按下了暂停键，暂时抑制了旅游业发展的同时，也为旅游人提供了难得的"空档期"。各级文旅部门组织各类线上培训为旅游从业者"修炼内功"，提升我国旅游服务水平。文化和旅游部下发通知，要求各地文旅厅充分利用疫情待岗的时机，着眼导游从业需求，指导支持行业组织、旅行社运用在线培训平台，开展形式多样的线上免费培训，帮助导游提升专业素养。山西省文旅厅组织提升标准化服务水平的培训，内容涉及标准化知识、景区经营管理、导游人员素质提升等，旨在促进山西省旅游业的高质量发展。江苏省文旅厅聘请业界和学界的专家录制关于景区管理和服务的相关课程，并放在官网供大家自由学习。各种类型和形式的培训学习为旅游从业者提升专业素养和服务水平提供了学习的平台和途径。

积极应对，蓄力储能。疫情虽然延缓了国际旅游的发展，但却无法消释旅游需求。自2015年起，我国的入境旅游始终保持稳步增长态势，加之我国在抗击疫情时树立的良好国际形象，来华旅游的需求仍然是客观存在的。北京、浙江等地已开始对海外宣传推广项目进行公开招标，筹划设计海外宣传活动、宣传方式和宣传品等，其中杭州专门筹备了海外新媒体创意营销项目，主要涉及社交媒体平台维护和平台广告投放。还有些地区在疫情期间提质旅游产品，优化旅游路线。广东省推出首批粤港澳大湾区文化遗产旅游路径，积极拓展大湾区在文化和旅游领域的交流与合作；江苏省推出"水韵江苏"入境旅游精品线路征集活动，通过全球投票评选的形式，让国际游客发现江苏之美。面对尚未开放的入境旅游，众多省份并不是坐以待毙，而是以积极的心态主动出击、蓄力储能，迎接"寒冬"过后的入境旅游。

海外推广形式多样，疫情下"云端"成新宠。严格的疫情防控要求限制了人员的国际流动，但现代科技的发展为旅游目的地与国际游客之间搭建了桥梁，使目的地可以与客源市场保持联系，通过"云端"培养客户。中国驻多伦多旅游办事处面对新形势，积极调整工作计划，利用新媒体、新机制、新模式开展在线推广，在自主网站、海外视频网站及社交平台推出"云·游中国""云·看中国"系列活动，让加拿大的旅行商和当地游客更加了解中国。丰富云端内容和努力的推介收到了积极反响，在线推广活动开展以来，办事处网站总点击量近16万次，其中"云·游中国"和"云·看中国"相关页面点击逾14万次。四川省在疫情期间主动作为，积极进行海外推广，不仅推出了新的海外宣传片，而且通过互联网开展"云游四川"系列专题宣传推广活动：5月，四川省文化和旅游厅联合6家海外中国文化中心推出古蜀文物海外线上展览活动，引发广泛关注；6月，"文化和自然遗产日"之际，四川开启非遗宣传展示活动，其中"云游·四川非遗"作为主要活动之一，优秀的非遗影像作品不仅在国内被展示，而且还被翻译成多种语言在全球各大平台同步进行线上展播；7月23日"2020中国四川（云端）大熊猫文化旅游周"正式在全球上线，活动以熊猫这个独特的IP为全球游客开启感知四川的窗口。多种活动的推广加大了四川在境外的知名度和曝光量。在国内疫情防控进入常态化阶段，线下推广活动有序开始。苏州在5月初举办入境旅游自媒体平台全球推广活动，邀请国外自媒体驻中人员实地感受苏州魅力，助力苏州国际旅游形象的推广。"2020广东国际旅游产业博览会"于9月召开，博览会汇集国内外的旅游服务商，整合国内外文旅资源，在向世界展示中国的同时，也可让世界了解中国。

三、推动疫后入境旅游发展的政策建议

面对突如其来的市场打击，我国从未动摇过发展入境旅游的信心和决心。回顾历史，不管是流行病疫情，还是恐怖事件，抑或其他自然及人为灾害，突发危机事件虽然使旅游业短期内遭受重创，但之后国际旅游市场均能实现恢复。未来，随着疫苗研发和接种工作的开展和推广，入境旅游终将恢复。对此，我们需要国家战略的引导和政策体系的支持，提前谋划，梳理并确定未来一段时期内振兴入境旅游的工作重点，做好相关政策储备。

（一）联合专业智库，开展研判工作

面对严峻的国际疫情发展态势和日益复杂的国际形势，我们需要科学地对国际旅游的发展态势进行研究和预判，为政策的制定提供科学合理的依据。相关部门要进一步加强与研究机构、院所以及专业智库的合作，围绕国家发展战略，以问题为导向，开展前瞻性研究，对国际旅游中的苗头性、趋势性问题进行研判，从而提出有针对性的政策建议。通过市场调研，掌握我国各客源市场渗透率，实时搜集我国重点客源市场的情报数据。了解市场需求，明确目标顾客，从而有针对性地进行营销活动，构架旅游目的品牌形象。根据我们历史数据的持续跟踪判断，中国的外国人入境旅游市场符合帕累托法则（二八定律），即少数客源市场贡献了绝大部分客源量。根据历年统计数据，不考虑港澳台地区，我国前20大客源市场对外国人入境过夜旅游市场整体的贡献超过80%，近几年维持在85%左右。在人力及资金有限的情况下，可针对这些重点客源市场开展疫后来华旅游意愿调查，进而为未来具体针对各客源市场的营销推广活动提供数据支撑。

（二）后疫情时代下的入境旅游，国际合作是必然

疫情之下，严防疫情输入是各国入境口岸的首要任务，对此，各国严防入境关口，入境旅游困难重重，对此，只有加强国际合作才能重启后疫情时代的入境旅游。随着部分国家和地区疫情防控进入可控阶段，逐步开启有条件的入境旅游活动。目前，以开放的入境旅游以"部分开放"为主要特征，具体表现开启区域性旅游圈（travel bubble）或是旅游走廊（travel corridor），即成功控制疫情的国家间建立起跨境旅行区域，区内居民可在内部自由旅行而不必强制性自我隔离。借鉴相关经验，我国可根据各国过去14天内各国的新增病数、疫情发展的综合趋势、政府处理的方式等标准来选择优先开放的客源市场，并根据各国疫情最新变化每两周对名单进行调整。确定有限开放的国家要与我国开展广泛的国际合作，通过健康码互认、签证和

航空互惠等举措，开启彼此的国际旅游市场，从而在保障安全的情况下开放国门，迎接国际游客。

（三）优化入境旅游政策，刺激来华旅游需求

畅通入境旅游通道，改善入境旅游政策。签证是入境旅游的前提，针对我国目前存在的签证手续相对繁杂等问题，一方面，在确保国家安全和利益的前提下，推进旅游签证便利化进程，与权威智库联合研究，探讨签证电子化、退税等政策的可能性，尽可能地提升相关政策的精准性和实效性。另一方面，为推动疫后入境旅游的复苏，相关部门可与外交部、公安部及国家移民管理局积极协商，针对疫后需要重点开发的客源国家（如韩国等周边疫情控制较好的亚洲国家）实施灵活的签证政策，如延长疫情期间过期的签证，在一定时期内实施签证费用减免或者落地签政策。航线是入境旅游的通道，对此，我国应在航权开放方面与他国加大合作力度，扩大直达我国的客源地范围。同时，文旅部门也要与交通运输部、中国民用航空局等部门积极协商，恢复与优先开放客源市场之间的航班和航线，与航空公司开展联合促销活动，如向部分入境游客发放免费机票等，刺激入境旅游的恢复。

优化入境环境，便利游客在华生活。由于文化差异和政治环境异同，入境游客在我国旅游生活期间，会遇到诸如网络不同、公共设施使用不便等问题，降低了游客的入境体验。对此，文旅部门可以与国家移民管理局、工业和信息化部、公安部、国家卫生健康委员会等部门积极磋商，探讨开通入境游客在华旅行期间的通信及网络使用权限，允许其使用本国的主要社交媒体（WhatsAPP、Facebook、Instagram等），以实时分享在华旅游体验，形成网络口碑。长期内，继续探索外国游客的互联网出入境证件身份认证和身份证件在公共领域服务的便利化应用，希望未来有一天，他们可以像本地居民一样在目的地深入体验当地生活，体验包括高铁、扫码支付、共享单车、网购在内的"新四大发明"，分享中国社会主义建设的新成就。

（四）疫情重伤中小企业，重点扶持自主品牌

疫情致使我国入境旅游业务几乎为零，众多入境旅游服务商在收入微薄的情况下，仍要承受一定的运营成本，众多依靠批发商分发业务的传统中小企业难以承受重压，面临倒闭的风险。对此，相关部门应开展入境旅行服务企业摸底调查，逐步建立入境旅行服务企业数据库，并每年进行数据和信息更新，实时把握入境旅行服务企业的经营状况，根据企业的经营模式进行分类，为保障入境旅游振兴及产业高质量发展提供第一手资料。在资金和精力有限的情况下，优先扶持已形成自主品牌，创新经营模式，开发和提供优质产品和服务的企业，为我国入境旅游市场培育优质的市场主体。

第三章

疫情冲击下的市场主体积极开展自救

一、新冠疫情对入境旅游企业带来前所未有的打击

（一）在疫情暴发前，2019年入境游市场主体稳中求新求变

基于中国经济社会高速发展、持续向好，入境旅游政策利好，入境旅游发展环境持续优化，在疫情暴发前，2019年市场主体对入境游市场整体充满信心，很多企业尤其是新型市场主体，看好"一带一路"、全球经济日趋紧密合作给中国入境游市场带来的诸多结构性机会，2019年是积极作为、求新求变的一年。

文化和旅游部《2019年度全国旅行社统计调查报告》显示，截至2019年12月31日，全国旅行社总数为38 943家，比2018年增长8.17%；旅游业务营业收入5165.72亿元，旅游业务利润233.27亿元。其中，2019年度全国旅行社入境旅游营业收入269.20亿元，占全国旅行社旅游业务营业收入总量的5.21%；入境旅游业务利润为20.19亿元，占全国旅行社旅游业务利润总量的8.66%。2019年度旅行社入境旅游外联人次排名前十位的客源地国家或地区依次为中国香港地区、中国台湾地区、中国澳门地区、韩国、日本、美国、马来西亚、泰国、新加坡、俄罗斯（见图3-1）。2019年度旅行社入境旅游接待人次排名前十位的客源地国家或地区依次为中国香港地区、中国台湾地区、韩国、中国澳门地区、美国、马来西亚、日本、新加坡、俄罗斯、泰国（见图3-2）。

市场需求端的倒逼和信息技术的加速迭代，这几年入境游旅行社一直负重在为跨越组织周期而积极变革，一边被"大浪淘沙"，一边持续进行组织模式创新，从海外组团社时代，到搜索引擎流量时代，再到TripAdvisor时代，新型市场主体不断加入，2019年组织生态进化初见成效。

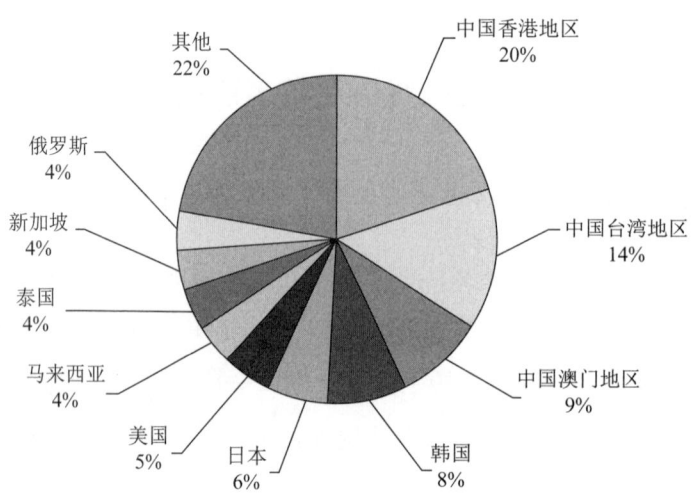

图 3-1 2019 年度入境旅游外联人次排名前十位的客源地国家或地区

资料来源：文化和旅游部市场管理司。

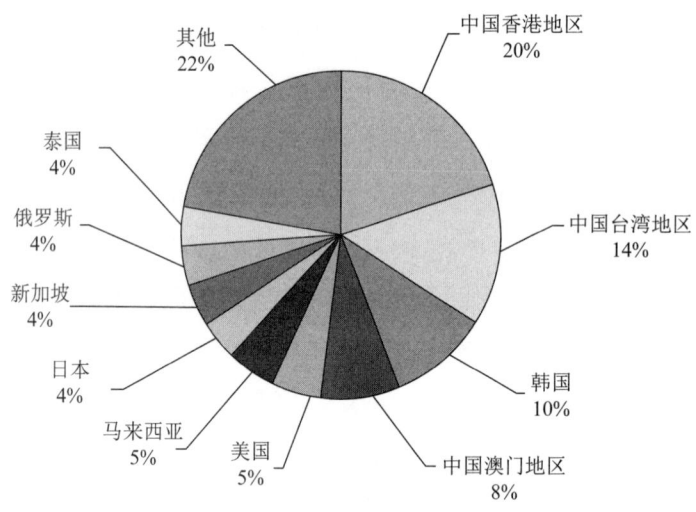

图 3-2 2019 年度入境旅游接待人次排名前十位的客源地国家或地区

资料来源：文化和旅游部市场管理司。

在海外组团时代，入境服务业务链条由"海外组团社—国内上游旅行商—目的地小地接社—地接导游"4个层级构成。之后，搜索引擎时代到来，国内上游旅行商开始自建独立网站展示产品,西安马可波罗、桂林海纳、桂林唐朝是业内非常好的创新代表,他们自己做真正意义上的组团社,形成"国内旅行商组团—目的地小地接社—地接导游"三个层级分发,形成典型的PGC+定制游+团队游业务模式。最大的组织创新意义就是可以直接掌握入境游客需求变化,加上先定制后团队的成长过程,相较于国内目前的定制游,它们有足够强大的收客能力和渠道,抓住了入境门户电商特定时期的红利窗口期。在之后,随着TripAdvisor为代表的点评网站的兴起和Facebook为代表的个人品牌时代到来,部分旅行社和一线导游发现机会,更多门户电商或者海外组团社不关注的细分市场,例如徒步、骑行、摄影、美食、书法、观鸟、考古、探险等当地特色内容被挖掘,他们开始在TA上传线路产品,游客可以直接和他们对接,线下预订。随着订单增加,这些旅行社和导游(以挂靠到某个地接社的形式)开始自建独立站组织收客,形成以"意见领袖KOL组团—目的地小地接社—地接导游"三个层级分发,相应地,这些个人、小企业凭借灵活性和反应快,让多年入境游供给端产品跟不上海外游客需求变化的困境实现破局,2019年不同细分市场、不同客群,产品和服务迭代速度前所未有地加快,游客黏性有很大改观。

数字创新也为入境游业务带来新生态入局者。入境游散客化持续强化下,华为AR旅游代替地接导游,也增加了旅游的私密性和自由感;腾讯AI翻译插件则可以有效满足不同客源国游客在我国的出行沟通需求。科大讯飞作为进博会指定服务行商,为参与进博会的入境旅游外籍游客,提供科大讯飞翻译机设备,作为语言沟通、商务沟通、旅游问询的交流工具。

(二)疫情暴发后,入境游业务基本停摆,全行业损失惨重

自救成为入境游市场主体2020年度主题。相较于国内游已率先进入复苏通道,作为三大市场之一的入境旅游形势严峻,入境旅游业务基本全面停摆,全行业损失惨重。为入境游业务直接提供产品与服务的国际国内各类市场主体,从航空公司、邮轮公司,到购物免税店、酒店、铁路,再到汽车租赁公司、旅游服务运营商，都不得不进行重大调整，采取从短期的迅速应对到中长期的根本性战略转变等多种举措，以应对新冠疫情在各方面造成的严重影响。由于入境旅游高度依赖全球市场，正所谓枝脉同体，命运相连。世界旅游组织信心指数（UNWTO Confidence Index）显示，2020年1—4月全球旅游业的信心指数估值和5—8月预测值都已跌至历史低点。

在入境游业务协作生态中，疫情下重资产、高负债、高成本、低收益的航空业首当其冲。根据过去五年数据显示，中国入境旅游收入构成中，交通贡献最大，航空和铁路占比接近40%。疫情发生前，有30家国内航空公司和123家外国航空公司执飞至我国的国际客运航班。但自疫情暴发以来，通过航空入境的旅客人数由日均2.5万人以上降至5000人左右，国际航班业务基本瘫痪，"航空+旅游"前向一体化经营被切断。航司节支降本措施很难在较长时间维持运营。国际航协IATA数据显示，9月，全球已有23家航空公司倒闭。2020年国际客运需求同比2019年暴跌75.6%。

相较于航空公司，酒店业也是受到冲击最大的一个行业之一，经营状况呈现"冰火两重天"。得益于国内旅游业内循环的迅速开启，从五一小长假开始，国内旅游目的地度假型、高端型酒店恢复最快，获益最多。五一期间，三亚亚特兰蒂斯客房入住率90%，北京延庆度假村五一期间全部售罄；重庆渝中区五星级和高品质酒店出租率超70%。国庆期间，上海高星酒店爆满，尤其是一些郊区毗邻景区的度假酒店，国庆房价相比暑期甚至翻倍。与此同时，城市内的单体酒店情况却不容乐观。品牌连锁高端酒店凭借品牌和规模强势，几乎让单体酒店没有了生存空间，尤其是苏州这些国际旅游性城市，很多单体特色酒店全靠国际游客，疫情后单一营销和新搭载国内平台渠道成本居高不下，无奈都面临倒闭危机。

邮轮业作为入境旅游细分行业同样也受到重创。近年来，全球邮轮市场增长率呈波动式变化，市场规模保持6%~8%的增速，世界邮轮旅游市场游客量稳健增长。疫情暴发后，国际游客数量的"断崖式"下降，"公主号"系列邮轮疫情的发生，极大影响游客出行信心。3月中旬，全球主要邮轮公司陆续宣布暂停运营，全球邮轮行业陷入停摆状态。由于邮轮运营肩负交通、餐饮、娱乐、住宿功能，在人力、物力成本的压迫下，停航后止损非常困难。头部邮轮企业陷入更大的困境，从2020年1月1日至2020年3月20日，嘉年华邮轮、皇家加勒比和挪威邮轮股价跌幅均超过80%，市值蒸发超过500亿美元。与邮轮产业链相关的船舶供应等相关服务业等也承受巨大的损失，上海宝山的吴淞口国际邮轮港等邮轮港口损失惨重。

疫情直接导致大量夹在供应链中间的批发商和中小代理商破产。货币基金组织（IMF）数据显示，2020年第三季度，国际游客人数同比下降98.7%。如前所述，目前入境游市场在旅行服务接待业务上并存三种运营模式，撇开海外组团社，除入境门户电商由唐朝等几家头部体量相对大、抗风险能力相对较强外，行业内大多是目的地小地接社和导游，夹在中间特别容易发生获客链条和资金链断裂的情况，没有入境游客，主营业务一夜归零，它们需要从零开始创造收入，加上基本没有服务其他市场能力、体量又小储备资金非常有限，很多都不得不走向破产。

二、入境旅游企业各显神通，积极开展自救

对各行业而言，2020年新冠疫情都是"黑天鹅"般的存在，全球旅游业名义经济预计下降40%。相较于上半年整个行业都措手不及，只能临时采取一些节支降本等被动性应急性措施外，在疫情防控常态化背景下，下半年入境旅游企业开始变得更具主动性，他们开始重新审视大的内外部环境和自身积累下来的优势，积极与国家战略相向而行，制定更加有效的战略战术，通过调整企业业务，重塑企业的经营生态，来实现更多元的新价值增量。

2020年在入境游细分领域，表现最亮眼的是中旅集团为代表的免税业务，体现我国对外开放的担当和风范。受新冠疫情影响，2020年全球免税店销售额不足上年三成，2019年全球免税店销售额860亿美元。得益于我国快速启动经济内循环，2020年6月，《海南自由贸易港建设总体方案》《关于海南

离岛旅客免税购物政策的公告》免税红利政策的出台,中国免税行业逆势而上。中免作为头部企业,2020年实现营业总收入526.18亿元,较上年同期增长8.24%,实现营业利润96.94亿元,较上年同期增长31.78%,跃居全球旅游零售商世界第一,国外免税店将目光投向中国,开始直接寻求同中企合作,进入中国市场。2018年我国居民境外购买免税商品总体规模超过1800亿元,当年国内免税市场规模仅395亿元,海南免税业务很好承接了中国老百姓的消费升级需求,与此同时,将这部分产品通过贸易进口投放到中国市场,也有效地减少国际贸易摩擦,体现了我国对外开放的思维和意识不断提升。

航空旅行泡泡机制(Travel Bubble)、低空游计划,各大航空公司不放弃国际市场,都积极从推动区域性旅游做起,为重启跨境旅游做准备的同时,也积极加入国内大循环,花式玩法层出不穷。为对抗新冠肺炎疫情持久战,更好逐步有序重启经济活动,2020年11月22日,香港与新加坡共建的"航空旅行泡泡"计划启动,这是香港首个与外地达成的计划,香港及新加坡的旅客不论任何旅游目的,均可享双向入境免检疫安排。虽然这个"旅行泡泡"受疫情影响被推迟落地,但相对之下,依然是一个更加实质性的举措,为开放双边的航空通行做好了切实准备。韩国国土交通部则积极推出低空游计划,视疫情形势和疫苗接种情况,旅客抵韩后前往机场内免税店购物但不入境、允许经仁川机场入境旅客有条件地访问机场附近特定设施或地区。值得一提的是,各大航空公司玩出了新花样,日本一航司动员"巨无霸"空客A380,推出"在日本上空盘旋90分钟"的"新航线"。新加坡在10月下旬启动飞行时长约为3小时的"Nowhere(无目的地)的观光航班",在新加坡樟宜机场起飞和降落。这些无目的地的"奇怪"航班,给旅客们带来了新奇的出行体验,也缓解了疫情下的航司危机。由于我国大部分航空公司收益主要还是源自境内旅游,因此下半年表现得比其他地区的航空公司更为强韧。春秋航空公司将国际航线向国内航线倾斜,积极开通客改货航班,并开发观光巴士游上海、微游上海线路等,努力转型发展,拓展更多收入渠道。

相较于无目的地航班,"无目的地邮轮之旅"在满足本地居民压抑已久的休闲旅游需求上更具有可行性。5月7日，交通运输部发布《关于推进海南三亚等邮轮港口海上游航线试点的意见》中提出，先期在海南三亚、海口邮轮港开展邮轮无目的地航线试点。9月底，星旅远洋邮轮成为试点政策颁布以来全国首家正式获批在海南海口、三亚邮轮港口开展试点业务的邮轮运输企业。无目的地邮轮之旅作为邮轮航行过程中不会停靠除始发和抵达之外的其他港口、全程在海上航行的一种全新邮轮体验，无疑会成为旅游消费升级和微度假的重要形式。

对入境旅行服务商而言，自救效果显著的主要集中在两类企业，一是集中在那些疫情前自身就已经具备直连C端，具有自有官方网站、品牌和口碑的旅游服务提供商，他们坚守入境旅游阵地，通过开发2B、2G端业务，优化业务结构，搭建多元化经营生态，实现多元化收入。二是那些疫情前原有业务涉足领域相对多元化的大型旅游服务提供商和头部平台，基于规模优势和市场优势，他们向国内业务转型，积极加入中国经济的"内循环"。

北京赫默科技（LETS）和桂林唐朝是第一类企业的典型代表。赫默科技加大G（政府）端的持续发力，依靠自建平台LETS对C端市场需求和游客行为特征的大量积累，疫情期间积极与各地政府开展合作，成为政府海外营销推广策划落地的重要服务供应商。桂林唐朝则利用其全球平台的优势，跨国转移客人的同时，在B端发力，在疫情期间他们将原本搁置的计划提前，打造B2B同业平台构建入境游产业中台，希望改善这些分散的中小商家难以自营的系统能力和数据能力，提升商家效率，进而从这部分整合资源中获得新价值增量。值得一提的是，两家企业不约而同地认识到人才储备的重要性。LETS在为后期的碎片化服务储备在境外拥有社交媒体影响力的地接人才（Destination Opinion Leader, DOL），并开启人才筛选和培训项目，预计2021年将形成一定规模。桂林唐朝则正在和当地高校深化合作，将相关知识系统化分块、打包课程，为当地高校相关专业的授课进行总体规划。

中国旅游集团旅行服务有限公司和爱彼迎属于第二类企业的典型代表。2019年我国社会零售总额已突破40万亿元，中国正成为全球最大单一消费市场。基于上半年我国疫情得到很好控制，国内游市场较国际旅游先行恢复的基本判断，国内旅游业务基础良好的旅游企业将目光转向国内市场。中国旅游集团旅行服务有限公司为应对疫情冲击，积极部署启动了国内游转型计划。全面提升入境旅游的传统线路品质，在疫情期间投入到国内市场，疫情结束后计划再将其转换为新的系列产品投入到入境市场。全球知名民宿平台——爱彼迎（Airbnb）也将业务更多地转向国内市场，包括近程周边游、周末游、乡村游等持续升温的领域，乡村民宿成为国内旅游恢复后增长较快的领域。从爱彼迎的全球预订量来看，国内预订量已占据平台订单总量的80%。爱彼迎还与当地政府部门通力合作，上线乡村民宿房源，进行目的地推广。爱彼迎联合浙江省文化和旅游厅、桂林市文化广电和旅游局以及浙江、桂林等地旅游民宿协会，上线他们推荐的上千家精品乡村民宿，并进行有针对性的市场推广和展示，吸引更多国内游客赴乡村旅游休闲。另外，在华常住外宾的旅游业务成为部分中小地接社的一个自救阵地。云南接待在华外宾的业务增长表现亮眼，尤其是六七月份。这些客源80%的左右来自中国入境旅游联盟（CITA）的入境资源以及其他旅行社的合作，如上海的旅行社Expats Holiday、Wanna Travel。

三、入境旅游企业应对疫情的战略反思与重构

（一）疫情下的入境游市场主体战略反思

中国旅游研究院对北京、西安、杭州等重点城市进行调研，高达九成以上的从业受访者认为撇开疫情，从事入境游业务的市场主体中，对从事入境游业务接待的旅行服务商的业务挑战最大。他们共性的战略短板主要在体现在：组团社大部分还在海外组团社和Booking、Expedia等国际OTA手上，2B的合作虽然短期会获得可观客流量，但该模式存在的最大问题是，除业务被动受制于这些海外B端外，就是长时间与客源市场脱节的问题，尤其是

OTA 已解决国际支付和结算问题后,标品设计完全被主导,基本不需要国内入境旅行服务商创新,对入境游客的需求特征根本没有形成累积认知。访谈中很多从业者讲到这个问题时,第一反应就是希望公司赶紧建立自有的入境游客数据平台。也清醒地认识到,未来入境旅游服务提供商一定只有通过直连 C 端才能实现破局。复星旅游文化集团入局旅行社鼻祖 Thomas Cook 为品牌推出在线旅行社服务,将旅游分销业务整合至"Thomas Cook 生活方式平台",并作为复星旅文面向 C 端的重要平台,融入度假、爱好及社交内容,其逻辑是自洽的,战略效果值得期待。

(二)疫情下的入境游市场主体战略重构

每次"黑天鹅"的来临都会加速行业洗牌,本次疫情也一样,影响还会持续,将继续深刻改变各细分领域战略发展格局。一是国内主战场下沉市场竞争会更加激烈,行业集中度会进一步提高。酒店业市场表现已非常明显,携程上酒店已经少了十多万家,中小单体酒店或直接关店,或选择加入龙头连锁品牌。国际航空业也同样,历史上每次危机后航空业集中度就会进一步提高。美国目前行业集中度超过 70%。欧洲疫情蔓延前仅 2020 年 1 月合计运力份额超过 60%。二是游客出行习惯发生改变,数据这一新要素被提升至全球核心战略资源高度。后疫情远程办公等无接触经济兴起,信息流、物流作用超过人流,数据资源开发应用成为新的竞争手段。尤其是通过数据精益生产、精准营销、精细管理,持续性实现"降本增效"成为所有行业的基本动作和门槛,针对入境游的 2B 端业务将成为一个重要战场。在此基础上数据商品化,企业不再等待客户来找自己,而是在客户需求出现的那一刻,甚至更早之前,就着手应对,实现双赢。三是 DTC(客户直连)落地是入境旅游企业的重要进阶战略。中端要行业效率,前端内容化。以社交平台为载体,利用社交关系背书,带来粉丝效应,进而实现内容、商品分发价值,获得商业变现,已成为一种非常成熟的商业模式。此次疫情让不少入境旅游企业尤其是中小地接社意识到长期 2B 的业务模式对企业和中国入境游市场发展的制约，对消费者需求形不成行为特征积累和判断，还严重影响到企业的创新能力。由此造成产品供给开发严重不足成为我国入境游近些年增长缓慢的重要原因。疫情常态化下，大到航空公司、邮轮，小到旅行社、民宿，谁能持续保持用户黏性，谁就越有可能在市场中优先进阶。用户黏性是一种场域，这种"连接"策略，可以帮助企业快速回应用户个性化需求，形成多个消费接触点，有效实现人、社会、商业的无数种排列组合，形成更多全新的商业价值，有效解决当前入境游企业普遍业务单一导致的抗风险能力过低问题，实现持续性增长和建立可持续竞争优势，而增加用户黏性的核心是可以持续把内容做产品，持续生产内容成为每个入境游企业的另一个关键能力。

入境游已经是一种全球化的生态协作，在每一次风波中，总有一部分公司撑下来，进行自我创新、改革，或者有跨界者，看到市场上其他的空白点和结构性机会，抓住机会，崭露头角。

第四章
新冠疫情下目的地营销工作的"不变"与"变"

第四章　新冠疫情下目的地营销工作的"不变"与"变"
Chapter 4　The "unchanged" and "changed" features of destination marketing under the COVID-19

基于2019年中国旅游研究院（文化和旅游部数据中心）开展的入境游客消费行为调查[①]（以下简称"消费行为调查"），并结合LETS开展的用户调查数据，我们发现与2018年相比，2019年入境游客的消费特征基本保持不变。旅游目的地营销工作的目标客群、营销关键词、营销渠道等不会有太大的变化。但受突如其来的新冠疫情影响，2019年的调查结果无法像以往那样可以有效地指导2020年度的目的地营销工作。对此，报告采用HiChina Travel在疫情期间针对韩国入境旅游市场的专项调查结果争取见微知著，来反映疫情对我国入境游客，尤其是外国游客来华旅游意愿及需求带来的影响，并基于此对旅游目的地海外营销推广提出建议。

一、旅游目的地营销工作的核心内容与方向依旧

（一）受教育水平高、具有中高等收入的中青年群体依然是海外目的地营销的目标客群

根据我们的消费行为调查结果，中青年是外国人入境旅游市场的主力。其中，25~44岁的中青年外国游客占比最高，超过七成。与此同时，45~59岁的中老年（10.3%）和15~24岁的青少年（14.4%）占比也相对较高（见图4-1），他们是外国来华团队旅游的主力。

受较高教育水平群体占外国游客的绝大多数。根据消费行为调查，拥有大学本科学历的外国游客占比最高（52.38%），获得大学专科、大学本科以及硕士以上学历的具有较高受教育水平的外国游客占绝大多数，占比超过九成；中等教育水平（高中/中专/技校）者的占比也超过5.44%（见图4-2）。

[①] 课题组于2019年四个季度同时在北京、上海、广州、成都、重庆、西安、沈阳和杭州8个入境口岸城市通过随机拦截对入境游客进行问卷调查，本次调研共收回有效问卷3247份，其中2610份来自外国游客，该部分数据为本报告所使用。

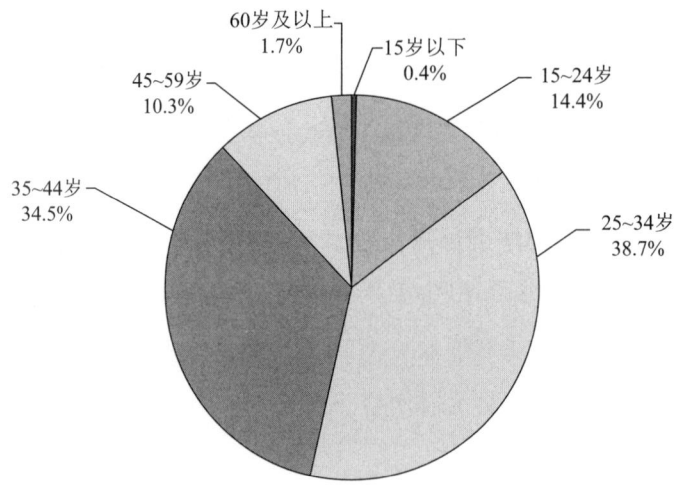

图 4-1　2019 年受访外国游客的年龄分布

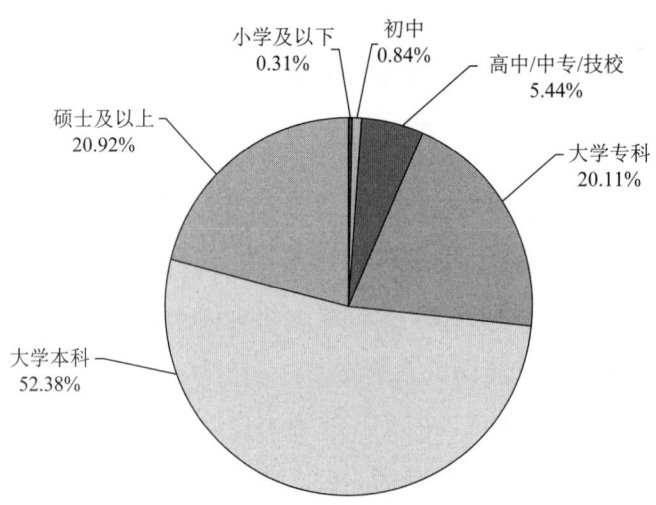

图 4-2　2019 年受访外国游客学历分布

较高的受教育水平往往意味着较高的收入,中高收入群体是外国客源市场的主要构成。消费行为调查结果显示,税前月收入在 3001~5000 美元的外国游客占比最高(29.7%),税前月收入在 3000 美元以上的外国游客占比超过五成(见图 4-3)。

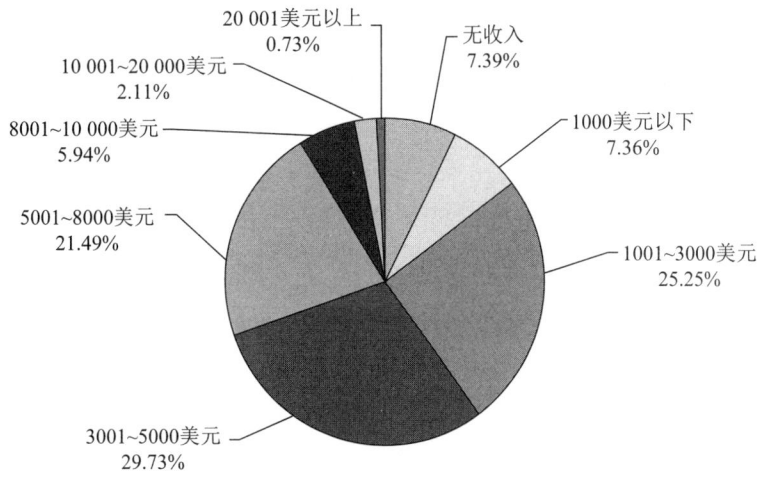

图 4-3　2019 年受访外国游客税前月收入分布

（二）自由与深度体验是海外旅游目的地营销的核心关键词

入境旅游的散客化趋势进一步强化。已有的统计数据表明，自 2012 年以来，旅行社接待入境游客人次逐年下降，占入境旅游总接待人次的比重持续走低（见图 4-4）。

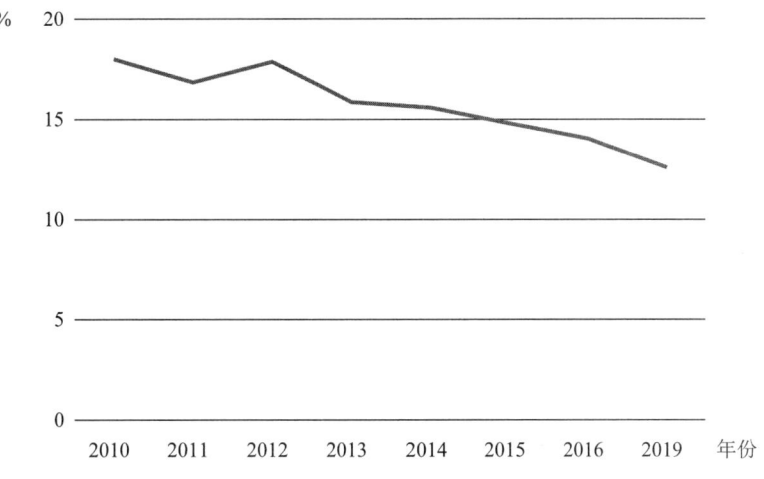

图 4-4　2010—2019 年团队入境游客占比

外国游客进一步深入到旅游目的地的各个方面,体验中国文化与当地生活。消费行为调查结果显示,23.2%的受访者表示"了解中国特色文化"是其来华旅行的主要目的(见图4-5)。

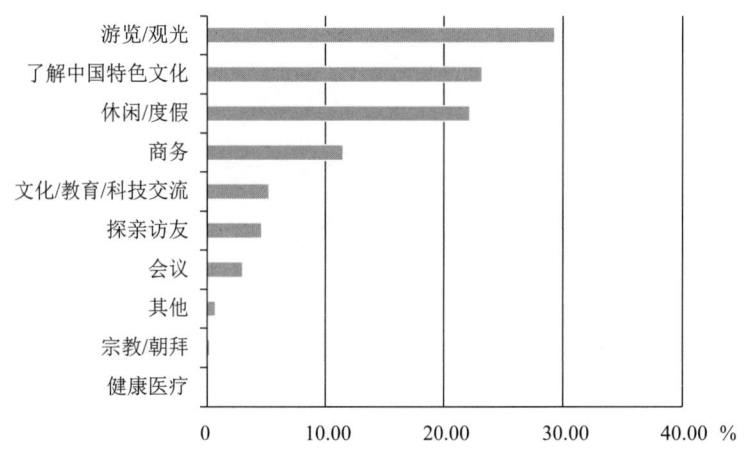

图4-5　2019年受访外国游客的旅游目的

外国游客参与的活动项目也体现了这一体验特征。在华旅行期间,外国游客广泛参与更具文化和生活体验趣味的文物古迹游览、文化艺术及美食烹饪活动(见图4-6)。

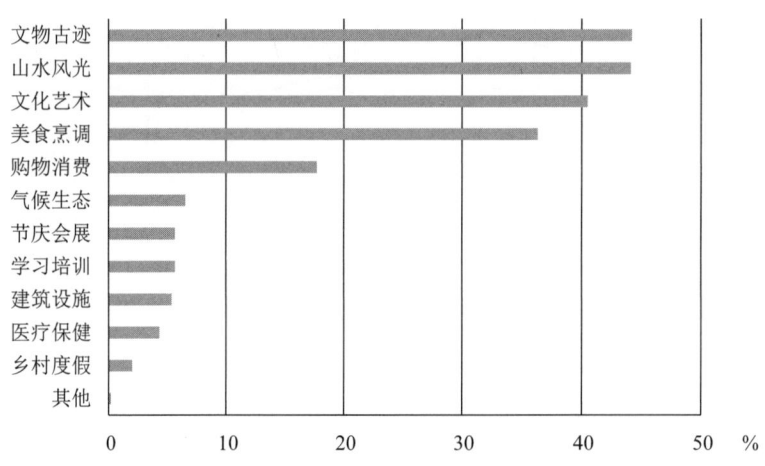

图4-6　2019年受访外国游客的游览项目

LETS 的用户调查数据显示，购买其碎片化服务的广大散客更是如此。最多的受访者（40%）表示来华旅游的主要目的体验中国文化（见图 4-7），他们在行程活动中最关注的是深度文化体验和品尝美食。

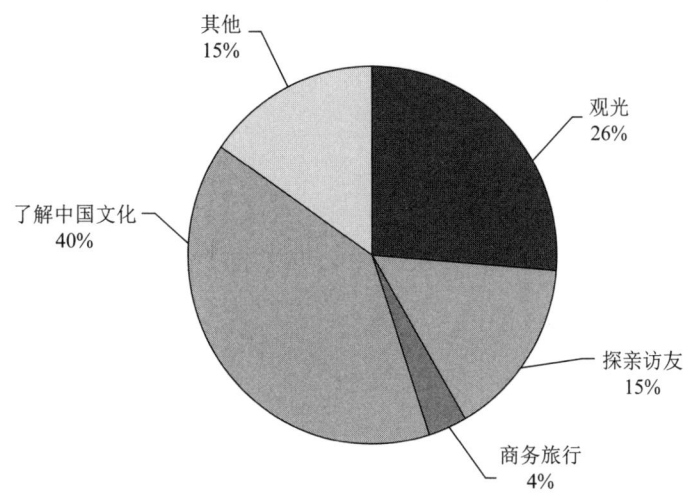

图 4-7　2019 年入境散客来华旅行目的（LETS 用户样本）

资料来源：北京赫默科技（LETS）有限公司。

综上，外国游客对于行程自由和深度体验的需求意味着海外旅游推广的主题需要更加聚焦，适时推出文化特色突出、当地特色浓郁的旅游产品和线路。

（三）在线营销渠道是重中之重，应重视泛目的地信息的传递

消费行为调查结果表明，绝大多数外国游客来华前主要通过网络来获取相关信息（见图 4-8），与此同时，这一信息获取方式由于搜索便捷、信息丰富、可信度较高等特点，也是最受欢迎的信息获取渠道（见图 4-9）。

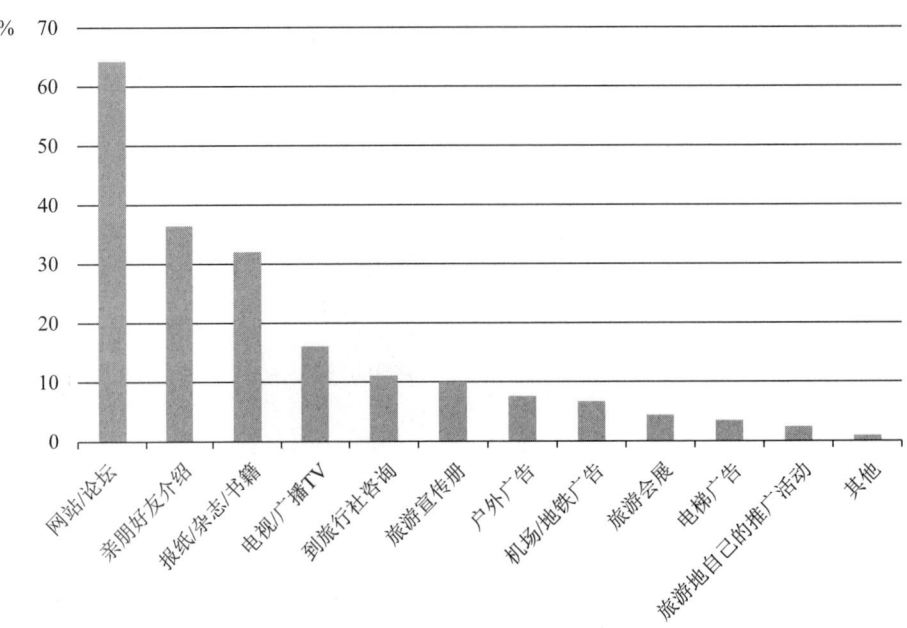

图 4-8　2019 年受访外国游客旅游信息获取渠道

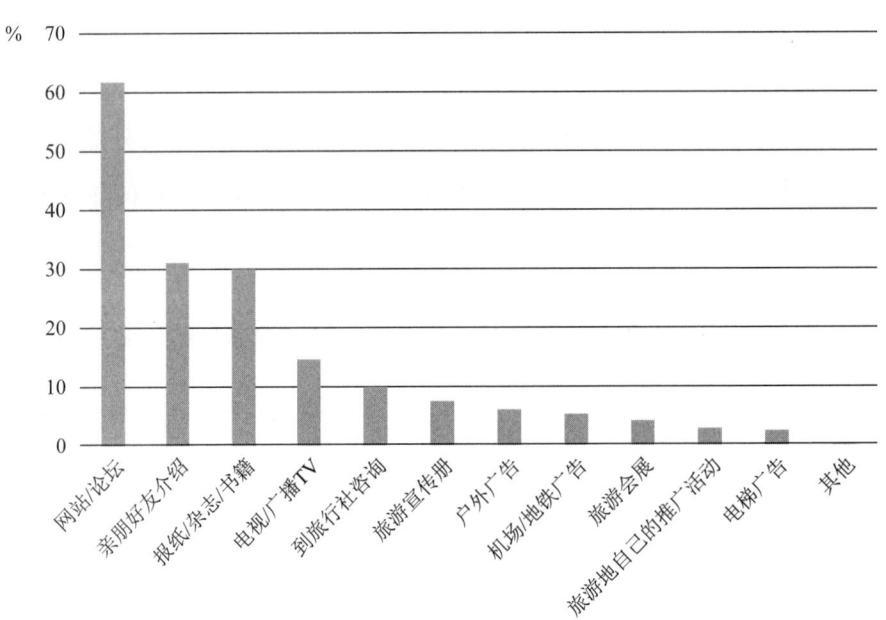

图 4-9　2019 年受访外国游客最喜欢的宣传方式

第四章 新冠疫情下目的地营销工作的"不变"与"变"
Chapter 4　The "unchanged" and "changed" features of destination marketing under the COVID-19

外国游客在进行目的地选择的过程中，除了主要考虑目的地的吸引力和旅行费用外，旅行过程中的食、住、行等要素相关的信息也是影响其目的地决策的重要因素（见图 4-10）。外国游客在确定来华旅游之后的信息搜索内容则更加泛化，最关注包括交通/天气等在内的生活信息以及当地政策和法规等信息（见图 4-11）。

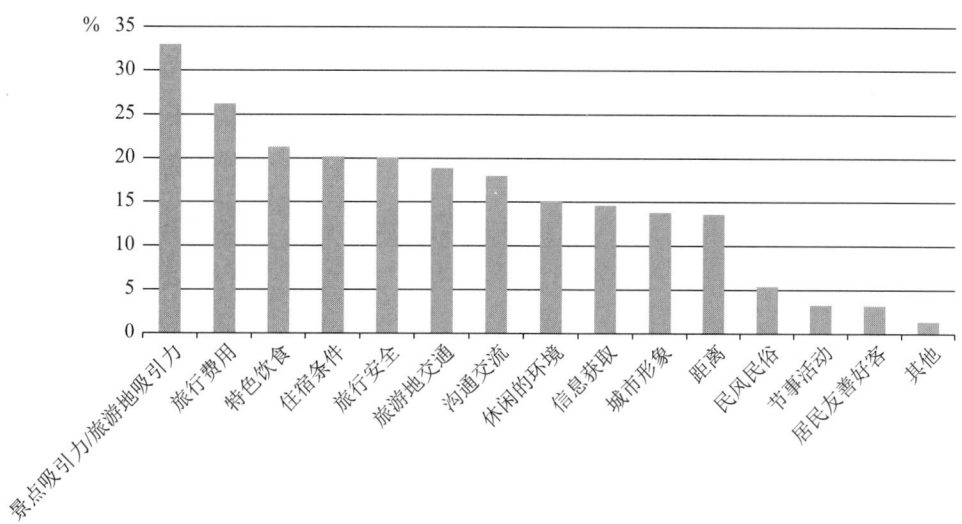

图 4-10　2019 年受访外国游客的目的地选择影响因素

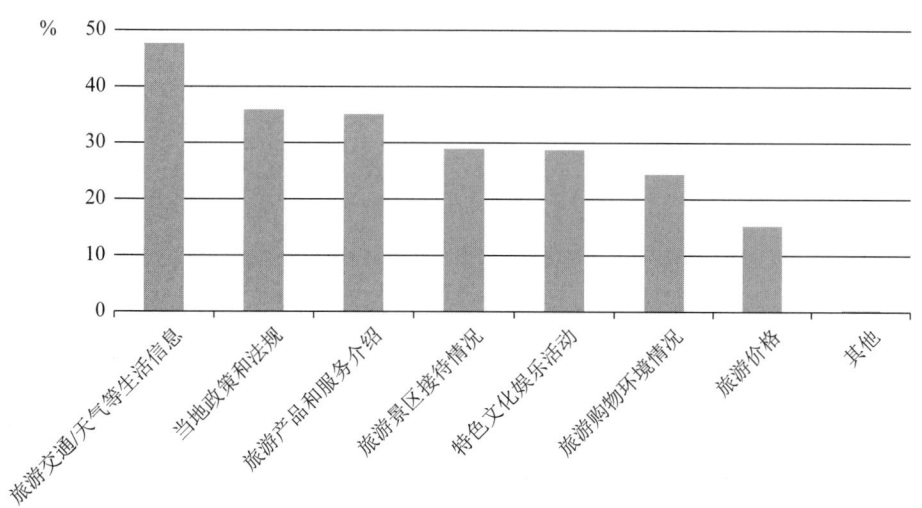

图 4-11　2019 年受访外国游客信息搜索内容

综上，我国在进行旅游推广过程中，除了通过传统媒体，更要通过线上媒体，尤其是近年来更受年青一代青睐的社交媒体进行目的地信息传递，不仅要传递旅游相关信息，更要传递与当地生活相关的泛目的地信息。

二、安全和健康将是疫后来华游客的核心关注点

本报告基于 HiChinaTravel 在 2020 年 5 月对韩国游客开展的专项调查，进一步分析了疫情对入境游客来华旅游意愿及需求的影响。之所以选择韩国入境旅游市场作为调查对象主要有两个原因：首先，韩国入境旅游市场至关重要，它是我国最大的外国入境过夜旅游市场；其次，韩国的新冠疫情同样暴发较早且已经得到有效遏制，是最有可能与我国率先实行双向人员往来，建立旅行泡泡（travel bubble）或是旅游走廊（travel corridor）的国家之一。

本次调查于 2020 年 5 月 12 日—5 月 21 日期间完成，采用问卷和访谈的形式，调查对象为对中国有一定的熟悉度的韩国居民。其中，参与问卷调查的受访者共 110 位，其中的 71 位在韩国；参与访谈的受访者共 20 位，其中的 10 位在韩国。虽然此次调查规模较小，但问卷调查和访谈均由韩国人完成，调查的质量得到较好保障，可以较客观地反映疫情对韩国潜在入境游客来华旅行意愿及需求的影响。通过调查，我们发现：

（1）韩国居民疫后来华旅游意愿较高。超过八成的受访者表示疫情结束后愿意来华旅行。

（2）安全和健康是韩国潜在入境游客最关心的议题。新冠疫情结束时间的不确定性及再次暴发的可能性带来的安全顾虑是韩国潜在入境游客来华旅游的最大障碍；同样对韩国游客安全和健康带来一定威胁的食宿卫生及空气污染也是阻碍其来华旅游的重要因素。

（3）韩国潜在入境游客希望获得详尽、真实的旅行信息。根据 HiChinaTravel 平台用户的反馈，韩国潜在入境游客非常关注中国的旅行信息，尤其是没有去过的游泳目的地相关信息，喜欢照片和视频的信息呈现形式。对于

来华旅行信息需求，韩国潜在入境游客非常希望获得更多不同中国旅游目的地的信息，通过已来华旅游的韩国游客的游记获取更详尽、真实的旅行信息，除了旅行直接相关的信息外，他们也希望获得更多中国的新闻和当地生活信息。

三、新冠疫情对目的地营销工作提出新要求

疫后入境游客偏爱更自由、个性化及高性价比的旅游产品。伴随入境游客对安全和健康的更加关注，其出行方式也将有所变化。出于安全的考虑，为减少与陌生人的接触，更多的游客选择与家人和朋友一起出游，在出游组织方式上将更多地选择自由行、半自由行、私家团的方式，来满足家人朋友之间的私密出行。中国旅游研究院、携程旅游大数据联合实验室3月针对国内游客的调查结果显示，选择自由行的受访者占比最高（44%），选择个性化定制旅游产品的受访者占比与以往有所增加，达18%。此外，受访者旅行决策除了受安全因素的影响外，旅游价格的优惠也将对人们的出行决策有所刺激。虽然这些调查并非专门针对中国潜在入境游客，但依然可以为我们预测入境游客的消费和决策行为提供参考。

疫后旅游目的地宣传推广内容及旅游产品需更加关注安全和健康。入境游客对安全和健康的关注，促使旅游目的地宣传推广部门将疫后的工作重心转向安全和健康旅游目的地形象的塑造，这一形象的构建及传播既需要实时、客观的疫情控制信息及正在或者拟采取的安全措施来营造安全氛围，也需要以更加彰显安全、健康的旅游线路和产品为载体，同时凭借可达性更高的媒体传播渠道实现高效传播。对旅游企业而言，游客行为方式的变化，也意味着积极开发适销对路的旅游产品，进一步提升旅游服务品质，满足游客更加碎片化、注重私密性和品质化的旅游需求。

第五章
构建安全、健康的旅游目的地形象

第五章　构建安全、健康的旅游目的地形象
Chapter 5　To build a tourist destination image emphasizing safety and hygiene

旅游目的地形象在消费者旅游决策中扮演着重要角色，其往往是决定潜在游客是否选择该旅游目的地的直接因素，自然成为政府开展旅游目的地营销工作的关键环节。此次疫情使得潜在入境游客对包括我国在内的国家旅游目的地形象及到访信心极大受挫，原本计划到访及潜在入境游客对旅游目的地产生不信任感。如何应对危机，加快恢复我国入境旅游、重返增长成为当前我国入境旅游发展的核心问题。

受此次疫情影响，中国入境旅游面临前所未有的挑战和压力，但政府作为旅游目的地形象重塑的主导者，其发展入境旅游的决心依然坚定。在疫情暴发过程中，旅游目的地政府积极采取安全措施，建立预警机制，开展旅游目的地危机管理。疫情虽然打断了入境旅游的恢复增长，打乱了中央和地方政府的入境旅游提振计划，但在疫情接近尾声之时，各级政府将陆续启动调整后的行动方案，开展旅游目的地营销推广。针对此次疫情的负面影响，疫后旅游目的地营销推广工作的第一步便是以"安全"和"健康"为关键词，重塑旅游目的地形象，降低疫情对潜在入境游客心理感知上的负面影响，淡化疫情对其带来的安全和健康担忧，提升其来华旅游信心，恢复入境旅游发展。

要重塑我国安全、健康的旅游目的地形象，不仅需要中央到地方各级政府的引领，出台相关促进政策，进行必要的官方发声，也需要充分联合媒体、行业组织、企业、留学生等民间力量，基于其对客源国家/地区潜在入境游客的舆论影响力，传递正面的旅游目的地形象。在具体传递安全、健康的旅游目的地形象时，首先要确定重点的客源市场，依托特色鲜明的旅游产品和服务，通过可接触潜在目标客源市场的营销渠道及活动方式，将安全、健康的旅游目的地形象推广落到实处。

一、积极发挥政府的主导作用

中央及地方各级政府是疫后旅游目的地形象重塑的主导力量。政府的这一角色从根本上由目的地旅游形象的公共物品性质及旅游市场信息不对称决

定的。疫后旅游目的地形象重塑，可恢复潜在入境游客的信心，重新吸引入境游客到访和消费，最终使目的地的各类旅游企业获益，但由于旅游目的地形象及营销的公共物品性质，存在"搭便车"动机的个体不愿提供这一服务，使政府成为这一公共物品的提供者。另外，旅游产品和服务的无形性、不可储存性等特点带来旅游市场交易双方信息不对称，国内国外媒体报道的信息不充分等使这一问题更加凸显，特别是在疫情间及疫情后实时的信息发布尤为重要，可避免不实报道引起的市场恐慌和目的地形象破坏。政府作为疫情危机应对的首要管理者及协调组织者，是能够第一时间向入境旅游市场传递第一手资料的信息发布者。从实践的角度来看，政府具有较高的公信度和权威性，且本身作为目的地形象的官方代言人，具有统筹各方利益，从战略角度有序、系统开展旅游目的地形象重塑工作的优势，理应成为疫后旅游目的地形象重塑的主导者。

疫情旅游目的地形象重塑需要政府多个部门通力合作，也需要地方政府从更微观的角度对安全健康的旅游形象进行更加具体的阐释。国家旅游目的地形象与国家形象是一个有机的整体，一方面，国际形象的覆盖面更广，国家旅游形象是其主要构成之一；另一方面，国家旅游形象反过来可以对国家形象具有调节作用，尤其是国家形象具有更强的政治含义，往往带有更加官方的色彩，相比之下，国家旅游形象更具有民间气质，可以通过更加柔性的方式从侧面提升国家形象。从这一意义上来看，国家旅游形象的建构离不开中央层面对外传递的各种信息，这不仅涉及文化和旅游部，更包括中宣部、外交部、公安部、交通运输部等各部委。他们对外传递的各种信息对旅游目的地形象产生影响的同时，考虑到国家旅游形象的积极调解作用，在必要和可行时，尤其是面对疫情之后的国家旅游形象重塑，也应在国家旅游目的地形象的宣传推广中主动积极作为。旅游目的地形象重塑、推广工作不仅需要从国家视角展开，也需要地方省市政府配合国家旅游目的地形象重塑工作，围绕疫后国家旅游形象主题，以地方更加具体、更加聚焦的内容和场景进行填充，使得其安全、健康的形象更加有针对性、活泼生动，形成立意鲜明的地方旅游目的地形象。

（一）对内做好安全防范措施，建立对外信息披露机制

疫情期间各级政府有序开展疫情安全预警工作，逐步建立起完善的安全预警体系，在疫情暴发第一时间向工作公布相关信息。2月底以来，我国进入有序复工复产阶段，3月伴随国际疫情的暴发，始终抓好外防输入内防反弹的各项工作。目前，我国疫情已经得到基本控制，人民生产生活基本恢复正常。未来伴随条件的进一步成熟，在全球疫情得到控制之后，入境旅游将逐步进入恢复阶段，但在疫苗研发成功之前，外部疫情输入的风险始终不容忽视。如果针对疫情得到控制的国家/地区率先开放关口，依然需要向入境游客开展安全预警及安全防护工作。疫情期间，国家卫生健康委、外交部等部门通过各种媒体渠道向国际社会发布最新中国的疫情消息，对疫情信息进行及时披露，使客源国家/地区的民众可以充分了解中国抗疫的最新消息和取得的成就，部分避免了不真实报道可能引起的恐慌及对我国旅游形象的破坏。

（二）对外出台优惠政策，释放善意和友好

针对主要客源市场，政府部门可通过相关优惠政策的出台和落地，向境外游客传递"安全、健康中国"的信息。在全年疫情得到控制后，相关相关部委领导人可"现身说法"，在走访主要客源国家/地区过程中，向当地民众传递欢迎其访华的善意；发挥中国驻主要客源市场大使馆与当地政府及媒体密切关系的优势，为鼓励当地居民来华召开特别发布会，向当地媒体和民众发布签证、机票优惠等政策。例如，在2015年MERS疫情结束后，韩国文化体育观光部发布《应对MERS与旅游业界支援方案》，若境外游客在韩旅游期间被诊断为MERS确诊患者，韩方将向其提供3000美元的旅行经费和治疗费等补偿。为吸引中国游客，推出系列签证便利政策，如免除为期三个月的团队签证的手续费，延长疫情前后的签证有效期，允许持日本团队旅游

签证的中国游客免签等。日本旅游部门在 2011 年 3·11 大地震之后，向境外游客发放 1 万张免费机票，向入境游客表达其期待之情，吸引入境游客到访。

二、充分发挥民间机构、团体和个人的力量

国家旅游形象的宣传推广不仅需要政府搭建工作框架，更需要民间机构去落地。入境旅游具有较强的民间交往性质，在国家旅游目的地形象进行宣传推广时，自然离不开各种民间力量，尤其在国际政治关系更加敏感的当前，民间力量是传递正面国家旅游形象的"前线战士"。通过民间力量对外传递我国旅游信息，对目标市场民众而言具有更高的可接受度，信息传递效果更好。

入境旅游具有较强的民间交往性质，在国家旅游目的地形象进行宣传推广时，自然离不开各种民间力量，尤其在我国国家形象遭到损害，国际政治关系更加敏感的当前，民间力量是传递正面国家旅游形象的前线使者，尤其是通过在当地具有较高社会认同的民间力量，在客观传递目的地信息的同时，对目标客源市场而言具有更高的可接受度，因而传递效果更好。

在针对海外民众具体开展旅游目的地形象推广过程中，政府的主导作用主要体现在幕后，通过当地的代言人，向当地民众传递"真实的中国"。在西方社会恶意抹黑中国形象的过程中，不仅国际民众被蒙蔽，中国政府的形象也遭到损害。这部分导致中国政府在对外直接开展旅游形象宣传及旅游目的地影响推广工作时，其公信力和权威性受到质疑。在对外开展旅游目的地形象宣传推广工作固然要以政府为主导，广泛联系客源市场的政府部门，加强与其合作，联合开展信息发布活动。如韩国韩国观光公社在 MERS 疫情后，举办韩中友好使节团活动。但在目的地具体开展活动中，政府部门应适度弱化政府的前台参与力度，转移到幕后，更多地借助当地的民间力量，在减少政治敏感性的同时，增强营销宣传活动的专业性，提升宣传效果。

广泛调动广大国内外民间组织、团体及个人的力量，切实提升国家旅游形象宣传的效果。在目标客源市场的旅游形象塑造的第一步是依托当地的各

第五章　构建安全、健康的旅游目的地形象
Chapter 5　To build a tourist destination image emphasizing safety and hygiene

种媒体传递"真实的中国旅游",在疫情彻底得到控制后,可通过委托国内入境旅行社邀请目标客源市场的传统及新媒体代表(如权威博主)、组团社及行业协会代表来中国进行实地考察,向该客源市场传递中国最真实的旅游情况,弱化西方媒体对中国形象抹黑、对中国入境旅游带来的负面影响。在疫情稳定,国内跨省旅游重启后,还可以通过组织在华留学生在国内旅游,可优先到我国地广人稀、受疫情影响较小的西部省市开展旅行活动,通过向其发放各种旅行产品(机票、高铁票、酒店、餐饮、景区门票等)优惠券的方式,鼓励其通过自驾、自助、小团游等方式赴这些地区旅行,请他们提出相关的意见和恢复措施,有助于形成有效的旅游恢复方案,并鼓励其通过个人社交平台向其海外亲友传递中国旅游的最新实况,放大新媒体传播效应。此外,对于安全、健康旅游目的地形象的打造还可以充分利用名人效应,邀请目标客源市场的政要、娱乐体育明星、网络红人等来华开展实地旅行参观,通过到访有代表性的国内旅游目的地,提升国家旅游形象。通过这些民间力量,政府可以间接传递中国旅游真实、可靠的信息,引导客源市场当地的公众舆论,切实塑造起中国"安全、健康"的国际旅游形象。

通过公私部门合作,探索建立针对入境游客的安全保障机制。一旦时机成熟,入境游客逐渐来华旅游后,政府部门还需要切实做好入境游客的安全保障工作,这需要公私部门通力合作,充分调动私营部门的力量,积极参与到疫后入境旅游振兴工作中来。政府部门可联合私营部门成立疫后旅游安全管理、旅游促销和形象恢复专项基金,在入境旅游过程中可能出现的疫情及旅游形象恢复提供资金保障;与保险公司合作,开发新冠疫情防护险,并于旅行服务部门进行合作向入境旅游市场进行投放,为入境游客提供疫情防护的商业保险服务,降低其对疫情的恐慌,提高其来华旅游的心理承受能力和安全感知。

三、将安全、健康的旅游形象宣传工作落到实处

国家"安全健康"旅游形象的传播工作首先应确定工作对象和工作内容，旅游目的地形象并不仅仅是宣传口号，更需要针对具体的客源市场，依托具体的旅游产品来彰显旅游目的地形象的主题，并根据潜在目标受众选择合适的宣传推广渠道，切实将中国安全、健康的旅游目的地形象传递到目标受众中去。

（一）确定优先客源市场和目的地区域

确定优先客源市场也就是确定了首要的目标客源对象，有助于我们将有限的资源投入到最佳的市场，进而保证宣传效果最优。根据我们历史数据的持续跟踪判断，中国的外国人入境旅游市场符合帕累托法则（二八定律），即少数客源市场贡献了绝大部分客源量。根据历年统计数据，不考虑港澳台地区，我国前20大客源市场对外国人入境过夜旅游市场整体的贡献超过80%，近几年维持在85%左右。这一较高的市场份额直接表明，其理应成为我们优先客源市场的基础选择库。第二个重要的指标就是客源市场疫情对本国旅游需求的影响程度，这种影响首先取决于本国疫情的控制程度，一方面疫情控制更好的地区，游客出游的需求恢复得更快；另一方面，疫情控制更好的客源市场本身更容易成为与我国优先开始人员互通的国家/地区。疫情对客源市场经济增长的负面影响会在普遍程度上促使出境旅游需求下降，对发展中国家/地区的影响明显高于发达国家/地区。与此同时，经济形势恶化带来的本地居民出游支出能力下降，游客出境旅游会倾向于选择距离本国更近，交通成本更低的国际旅游目的地。综合以上因素考虑，距离中国更近的发达国家/地区是我们在疫后开展目的地形象重塑的优先区域，即港澳台地区、日本、韩国、新加坡是最优先的客源市场。

（二）打造亚旅游目的地形象

在进行旅游目的地安全、健康形象推广时，可优先推广国内疫情不太严重的旅游目的地，在快速提升境外游客对我国旅游安全认知的同时，可通过打造更加具体的亚旅游目的地形象来彰显我国安全、健康的目的地大形象。在旅游目的地安全、健康形象推广时，可优先推广疫情不太严重的地区，这样可以快速提升目的地的安全认知，同时在安全、健康的大形象下，叠加更具体的目的地形象。根据中国疾病预防控制中心的数据，疫情暴发以来，包括西藏、青海、宁夏、甘肃、贵州、云南等地广人稀的广大西部地区疫情病例非常少，可以推出中国西部独特风情这一亚目的地形象。广袤的西部风光对港澳地区、日韩游客的吸引力较高，可提供其更加偏爱的各类生态旅游、绿色旅游等旅行线路和服务。借助这些线路和产品，可推出中国西部独特风情这一亚目的地形象来彰显我国安全和健康的旅游目的地形象。

（三）大力推广中医药旅游

中医药在疫情暴发中让国民进一步认识到中医药的积极作用，国内外对于中医药的保健的功效有较高的认可度，尤其在亚洲具有草药文化的国家中，这种认可度本身就比较高，而我们最优先的客源市场恰恰包括这些国家/地区，他们对中医药的熟悉度更高，也更容易认可其保健功效。中医药在国内还没有被广泛应用于日常饮食中，没有形成相关食品品牌的当前，中医药的体验项目，如按摩、针灸、美容、药膳等，是在入境宣传推广中的重点产品，这些体验项目在丰富入境游客经历的同时，也能更好地传递中医药文化，提升中医药保健在国际上的品牌知名度。

（四）加大对社交媒体渠道的应用，加强互动性宣传推广

由于疫情影响，为避免病毒传播，减少人群聚集，绝大多数国家实行居家办公，关闭公共娱乐场所，这大大拉长了各国民众的在线时间，增加了社

交媒体的访问时间。社交媒体打破了传统媒体的单向传播，使得每个人都成为信息的传播者、评论者，甚至是制造者，信息的传播效果可被大大提升。基于社交媒体而来的"病毒营销"使具备强烈传播势能的内容像病毒一样被用户广泛、自发地传播，传播效率和效果大幅提升。

（五）依靠专业团队进行内容制作

中国安全、健康的旅游目的地形象需要通过专业的人员对可传递安全、健康的旅游产品和场景进行内容制作，然后在优先客源市场上，重点借助社交媒体进行广泛传播。伴随中国网红经济的崛起，中国国内已不乏高水平的内容制作公司和团队，在疫后中国旅游目的地形象重塑过程中，可聘请这些专业团队进行高质量的内容设计和制作，提高内容的传播势能，最大限度地提升传播效果。